中公新書 2638

熊本史雄著

幣原喜重郎

国際協調の外政家から占領期の首相へ

中央公論新社刊

はしがき

一九三一年（昭和六）一二月、外務大臣の職を辞した幣原喜重郎《しではらきじゅうろう》は、自宅で久方ぶりの安閑たる時間をもてあましていた。

当時の住まいは、文京区駒込の六義園《りくぎえん》敷地内に設けられた、にわか造りの〝掘っ立て小屋〟。それまでの駿河台の私宅を関東大震災で焼け出された後、ここに移り住んだのである。以来、明治神宮近くの千駄ヶ谷に引っ越す一九三八年夏までの間、庭園の持ち主であった三菱財閥岩崎家の好意により、この地に住み続けた。

当時の日本は、三ヵ月前に起きた満洲事変に端を発する日中間の軍事衝突が一向に収束せず、先の見とおしが立たない状況にあった。第二次若槻礼次郎《わかつきれいじろう》内閣が事変拡大を防ぎきれず、閣内不一致によって一二月一一日に総辞職したことは、外交を預かる責任者であった幣原にとって、痛恨の極みであった。

満洲事変の動向が気がかりな彼にしてみれば、安穏とした心持ちで日々を過ごすわけには、到底いかなかったろう。それでも、徳川五代将軍綱吉の側用人《そばようにん》、柳沢吉保《やなぎさわよしやす》が私邸として造営したこの名庭園は、還暦間近の疲弊した幣原の心をいくばくか慰撫《いぶ》したに違いない。少なくとも、思いがけない閑暇《かんか》を得た幣原に、三五年に及ぶ官僚・外交官人生を冷静に振り返るだけの落ち着きを与えたのはたしかだろう。

では、彼の心にこのとき去来したものは、いったい何だったろうか。

さまざまに考えられるが、事変不拡大に失敗し、貴族院議員以外の肩書きを持たずに公的な立場から身を引かざるを得なかった幣原の心中を推し量れば、満洲事変への外務省の対応の是非に、まずは指を屈すべきだろう。外務省として、事変にどのように対処すべきだったのか、果たして他策はなかったのか……。幣原の心にこのとき第一に浮かんだのは、おそらくこの点だったのではなかろうか。

満洲事変時の外務省

幣原喜重郎（一八七二～一九五一）は、大正末から昭和初期にかけて、外務大臣を四度にわたって務めた人物である。この間、三人の総理大臣（加藤高明《かとうたかあき》、若槻礼次郎、浜口雄幸《はまぐちおさち》）に仕え、英米との協調と中国への内政不干渉を基調とする、いわゆる「幣原外交」を展開し、日本の舵取りを担った。戦後は、第四四代内閣総理大臣に就任し、ダグラス・マッカーサーの指令に基づき、憲法改正事業に取り組んだことでも知られている。

いまでこそ、「陸奥外交」（陸奥宗光《むつむねみつ》）、「小村外交」（小村寿太郎《こむらじゅたろう》）、「広田外交」（広田弘毅《ひろたこうき》）

と、個人名を冠した「〇〇外交」という呼称が定着しているが、その最初は「幣原外交」である。それほどに、大正末から昭和初期にかけて東アジア地域の平和的秩序の形成と維持に貢献した人物として、幣原は早くから評価されてきた、ということか。

それと同時に、幣原は一九三一年九月一八日に満洲事変が勃発したときの外務大臣でもある。奉天《ほうてん》郊外で起こった事変は、またたく間に満洲全土へと広がった。「幣原外交」は機能せず、彼は事変の拡大を防ぎきれなかった。

その意味で、幣原は、不測の事態への対応に苦慮した外交責任者であり、文字どおり生命を賭して外交活動に携わったものの、挫折し、苦悩を人一倍濃くしたリーダーでもあった。事変拡大を防止できず、愛着の尽きない外務省を去らねばならなかったときの、痛苦に満ちたであろう彼の心境は、想像してもあまりある。

幣原喜重郎（1872〜1951）

ただ、事変拡大の原因に、幣原のリーダーシップの欠如を挙げるならば、歴史の解釈として、少々酷だといわねばなるまい。関東軍の独断的な軍事行動が第一の原因だ、という通説めいた話を、何も持ち出したいわけではない。ここで注目したいのは、このときの外務省の機構としてのあり方である。

昭和初期の外務省は、明治期に比べるとセクショナリズムが浸透しており、決裁のレベルがそれまでの大臣や次官から局長や課長へ移行していた。要は、局長や課長レベルで専決できる事項が増えつつあったのである。そうした状況では、外務大臣といえども、十全にリーダーシップを発揮できる環境になかった。

組織人という視角

実は、大きな対外的危機のなかで、幣原ほど「組織的な対応」を迫られた外務大臣は、それまでの日本には存在しなかった。むろん、日清戦争も日露戦争も日本にとって大きな危機であった。しかし、当時の外務大臣であった陸奥宗光や小村寿太郎は、幣原の時代とは異なり、大臣個人としてのパーソナリティに基づいたリーダーシップを比較的容易に発揮できた。

これに比して幣原は、セクショナリズムの浸透した外務省で、各局課の見解を踏まえながら政策判断をする状況に置かれがちであった。加えて、当時の外務省内には、ある種の派閥とでもいうべき連携が存在していた。英米との協調を根幹に据えた外交政策を志向する「欧米派」と、アジアとりわけ満洲における日本権益の特殊性と正当性を主張する「亜細亜《アジア》派」（革新派）である。陸奥や小村と比べて幣原は、外務省の意思決定過程で、既存の組織や派閥など非正規の集団から制約を受けやすい環境にあった。

さらに、幣原が対応すべき対象は、省内にとどまらない。閣員である以上、閣内での調整に応じねばならなかった。とりわけ、陸軍大臣との調整は容易でなかった。ほかに、参謀本部、枢密院、元老の西園寺公望《さいおんじきんもち》、さらには、幣原は党員ではなかったが、内閣の支持基盤である民政党との調整も必要であった。そして何より、国際連盟理事国とアメリカの動向には、細心の注意を払って対処せねばならなかった。

このように幣原は、セクショナリズムの浸透した外務省で、局課ごとの意思を調整・統轄し、それを踏まえて省外・国外機関との調整に当たらねばならないという、複雑で困難な局面にあった。幣原は、大きな対外的危機における「組織的な対応」を強いられた、近代日本における最初の外務大臣といえるのである。

そもそも、幣原の外務官僚・外交官としての歩みは、日本の官僚機構が整備されていく過程と軌を一にしていたといってよい。外交官試験制度が一八九三年（明治二六）に確立したことによって、外務省は、それまでの縁故や情実ではなく、試験合格という資格に基づく任用・選抜を可能とした。幣原は、第四回試験（一八九六年）の合格者である。日清戦争後に任官した幣原は、官僚のリクルート・システムが整い始めた時代に官途に就き、外務省という行政機構がセクショナリズムを帯びていった時代にキャリアを積み重ねた。すなわち、幣原という人物は、官僚機構の整備・拡充とともに自らを上昇させるなかで、組織内での自らの活《い》かし方を模索し、いかにすれば組織が機能するのかを考究し、組織におけるリーダーシップの発現方法を追求していった、組織人とでも称すべき存在なのである。

本書は、こうした問題認識に立って、組織人としての幣原がどのように明治、大正、昭和戦前・戦後の各期を歩んだのか、彼の人生の軌跡を、組織・制度・人事・派閥・交友関係などの観点を交えながら論じる。

以下では、組織人としての自覚の芽生え（電信課長時代まで）、決裁者（外務次官時代）、外政家（駐米大使時代）、統轄者（第一次外相時代）、調整者（第二次外相時代）、折衝者（戦後の首相時代）という、組織人としてのさまざまな役割とリーダーシップのあり方を踏まえつつ、「幣原外交」と彼の人生の内実に迫っていく。

国内の各方面・機関のみならず、国際連盟、英米をはじめとする列強諸国、中国、さらには日本の敗北後、占領軍やマッカーサーなどとの折衝・交渉・対応を重ねながら日本の舵取りを迫られた幣原の生涯は、近現代日本の国家像のなかで、いかなる相貌《そうぼう》を帯びて立ち現れてくるのだろうか。さらに、戦前期の「幣原外交」に内包された理念は、敗戦後の混迷期に首相として日本再生を託され、憲法改正事業に取り組んだ際の平和主義と、どのように関わっていたのだろうか。

幣原の歩みを追うことは、一外交官・一外務官僚の事績を振り返る作業にとどまらず、第一次世界大戦後の平和な時代を経験しながらも、満洲事変・日中戦争・太平洋戦争へと向かい、敗戦を経て、戦後に平和国家としての復興を果たした日本の辿《たど》った道を、幣原の眼をとおして追体験することにほかならない。

この点を念頭に置き、まずは彼の幼少・青年期から話を説き起こしていくことにしよう。

目次

幣原喜重郎

——国際協調の外政家から占領期の首相へ

凡例

・新書の性格上、史料の引用や叙述に関する注記は、最低限にとどめた。詳細は、巻末の主要参考文献をご参照いただきたい。
・史料引用にあたっては、読みやすくする観点から適宜句読点やふりがな、さらに濁点を補い、片仮名を平仮名に、旧漢字は現行の字体に、旧仮名遣いは現代仮名遣いに直した。
・引用史料中の〔　〕は引用者の補足である。
・引用史料中に現在では不適切な表現もあるが、歴史史料としての性格上、正確を期すために原文のままとした。他意のないことをご了解いただきたい。
・敬称は省略した。

序章　生い立ち——幣原家の次男

1　大阪の豪農に生まれて

旧家として、名家として

大阪府門真《かどま》市御堂町《みどうちょう》に、その寺はある。寺号を願得寺《がんとくじ》という。一五世紀末に蓮如が念仏道場として開いたと伝わる真宗大谷派の古刹《こさつ》である。本瓦葺《ほんかわらぶ》きの本堂、切妻《きりづま》造りの鐘楼《しょうろう》、一七世紀中頃に建立されたという山門は、樟《くすのき》の大木の植わった広い境内とともに、いかにも名刹《めいさつ》にふさわしい。

本堂の南側が墓所になっており、その一角に幣原家累代と喜重郎の父新治郎《しんじろう》を祀《まつ》った墓がある。幣原家は、この北河内《きたかわち》の地で約三〇〇年にわたって代々庄屋を務めてきた旧家で、一八世紀半ば（宝暦《ほうれき》年間）以降は八〇石程度を有する村一番の豪農だった。言い伝えによると、家名の「幣原」は、もともと京都の石清水《いわしみず》八幡宮にささげる御幣《ごへい》（裂いた麻やたたんで切った紙を細長い木に挟んだもの。祓《はらい》のときに用いる）を作っていたことに由来するという。

幣原喜重郎は、一八七二年（明治五）八月一一日、堺《さかい》県茨田《まんだ》郡門真一番下《いちばんしも》村（現大阪府門真市）に幣原家の次男として生まれた。生家跡は、現在の京阪電鉄本線の古川橋《ふるかわばし》駅を挟んで願得寺の反対側、線路から南へ一キロほど下った住宅地のなかにある。箱棟《はこむね》造りの大きな平屋で、部屋数が一四、畳は計九六畳にも及んだという往時を偲《しの》ぶ面影は、残念ながらない。

幣原家の中興の祖といわれる人物が、喜重郎の祖父九市郎で、彼と妻ナカとの間に生まれたのが娘の静《しず》である。その婿養子として迎えられたのが、新治郎だった。新治郎は、仏教の篤信《とくしん》家であると同時にたいそう教育熱心で、子どもが小さい時分には、自ら論語の手ほどきをするほどだったという。その教育熱は、子どもたちが長じてからも一向に冷めることなく、むしろ高まっていった。「立派な教育」を授けるためには、「財産を売り払っても学費に充《あ》て」ようと決心するほどだった（『幣原喜重郎』）。

喜重郎の兄妹

その甲斐あってか、喜重郎を含め兄妹は、いずれも功成り名遂げた。喜重郎より二歳上の兄坦《たいら》（幼名徳治郎）は、帝国大学文科大学国史学科で朝鮮史を修め、東京高等師範学校教授、東京帝国大学教授などを歴任した後、広島高等師範学校長、台北《たいほく》帝国大学総長などの要職を得た。戦後には、枢密顧問官にも栄進している。

六歳下の妹の操は、医者を婿養子に取り幣原医院を開業したが、夫に早く先立たれた。その後は、女地主として伝家の務めを果たしながら、保育園を設立するなど社会事業に尽力した。

喜重郎の一二歳下に、もうひとりの妹の節がいる。節の生後まもなく、母の静は産後の肥立ちが悪く早くに亡くなった。幼くして母を亡くした節は、姉の操をたいそう慕ったという。節は長じて医者になった（一九〇二年、医師試験合格）。大阪府初の女医だった（専門は産婦人科）。夫との死別によって担い手のなくなった幣原医院を操から引き継ぎ、神戸に医院を移転してからも、生涯独身を貫いて医業に専心したと伝わっている。

腕白少年

おとなしい性格だった長男の坦とは対照的に、次男の喜重郎は、腕白な幼少期を送った。

こんなエピソードがある。兄の坦とともに祖母と連れだって、淀《よど》川の苫舟《とまぶね》で京都に向かったときのこと。坦は祖母の脇におとなしく座っていたのだが、ふと気がつくと弟の喜重郎の姿がない。船室のどこを見回しても見当たらない。さては河に落ちたかと、大さわぎになったが、彼はいつの間にかこっそり船室を抜け出して苫《とま》（雨露をしのぐために菅《すげ》や茅《かや》で編んで作った船の覆い）に上がり込み、悠然と両岸の景色を眺めていたという（『幣原喜重郎』）。

小学校に入学してからも、腕白は相変わらずだった。小学校とはいっても、当時田舎の村である門真に校舎が新設されることはなかった。前述の願得寺の大広間が、そのまま学校として利用された。そこに赴任してきた青年教師の武田穎《たけださとし》（のちの小説家、武田仰天子《ぎょうてんし》）は、あるとき喜重郎のいたずらがあまりに激しいので、ついかっとなって、手許のそろばんをつかむと、そろばんが壊れて珠《たま》が飛び散るほどに、喜重郎を激しく折檻《せっかん》した。さすがの喜重郎もこれにはこたえたようで、以後、学習態度は一変したという（『幣原喜重郎』）。

盟友との出会い

一八八三年、喜重郎は、兄の坦に続いて大阪中学校に入学した。

大阪中学校は、一八六九年五月に大阪で設置された舎密《せいみ》局《きょく》を起源とする。「舎密」とはオランダ語の chemie（化学）に漢字をあてたものである。理化学を中心とする理科教育を目指しており、西洋の学問を積極的に受容しようとする進取の精神に富んだ学校だった。大阪英語学校と称していた時期もあり、英語教育にも力を入れていた。幣原自身「まだそのころは中学校で外人教師が直接教えるなどということはどこでもほとんどなかった」（『外交五十年』）と回想している。

ただ、この回想で述べられている内容については、補足が必要である。というのも、ネイティブ・スピーカーによる英語教育は、エリート養成の目的から、明治初年にすでに国家によって積極的に推進されていたからである。

たとえば、明治初期から昭和の終戦直後にいたるまで言論活動を通じて時代社会を評した三宅雪嶺《みやけせつれい》は、一八七一年から金沢の中学東校《とうこう》（のちの金沢中学校、官立英仏学校、英学校）で英国人教師エドウィン・サイモンスンから英語を教わり、四年後に名古屋英語学校へ転じてからも、外国人教師から英語を学んでいる（『三宅雪嶺』）。岡倉天心《おかくらてんしん》や新渡戸稲造《にとべいなぞう》らも三宅とほぼ同年代だが、彼らもまた英語で発想し、発信できる人材として成長した（『同前』）。ただ、幣原が中学校に入学した一八八〇年頃には、多くの官立の英語学校が廃止され、外国人教師の数も激減していた。その結果、幣原の中学校進学当時には、ネイティブ・スピーカーによる英語教育は、幣原の回想どおり珍しくなっていた。

寄宿舎生活を送ることになった喜重郎がもっとも親しく交わったのは、大平駒槌《おおだいらこまつち》だった。喜重郎と終生親交を結ぶことになる大平は、のちに住友本店理事から満鉄副総裁、枢密顧問官を歴任した。戦後、日本国憲法「第九条」の発案者の特定をめぐって、幣原説の論拠としても参照される「羽室《はむろ》メモ」（第7章参照）を残したことでもよく知られた人物である。

大阪中学校は、一八八六年四月、中学校令に基づいて第三高等中学校になり京都へ移った。旧制第三高等学校の前身である。喜重郎は、中学校の初等科三年生から高等中学校の予科一年生に籍を置くことになった。名門の第三高等中学校には、秀才・俊英が集ってきた。それは幣原にとって、盟友との出会いを意味した。

もともとの学友として下岡忠治《しもおかちゅうじ》がいたが、東京からは伊沢多喜男《いさわたきお》が、土佐からは浜口雄幸が第三高等中学校の門をたたいた。伊沢は内務官僚として活躍したのち枢密顧問官に栄進し、浜口は総理大臣にまで上り詰めた。ことに、幣原と浜口は、深く固い絆《きずな》で結ばれた。のちに幣原は、浜口内閣の外務大臣として「幣原外交」を展開して浜口を支え、またそれによって浜口も日本の政党政治を支えるべく、奮進事に当たることになる。

2 外交官を志す——日清戦争、三国干渉の体験

帝国大学へ

一八九二年(明治二五)七月に第三高等中学校を卒業すると、九月に幣原は帝国大学法科大学に入学した。下岡も伊沢も浜口もそろって帝大へ進学したが、幣原が法律学科に進んだのに対し、他の三人はこぞって政治学科へ進学した。

喜重郎が大学に入学した時分、兄の坦は帝国大学文科大学の三年生だったが、下宿が異なっていたため、ほとんど会う機会もなかったという。それに反して、大平駒槌とは親交を続けていた。ただ、人と会うのは大平くらいで、あとの時間の多くは勉学に費やしたようだ。

とはいえ、幣原の読書歴やそれに伴う蔵書形成、勉強方法などについてはよくわかっていない。とくに、彼がどのようにしてのちに「達人」と称されるほどの英語力を身につけたのか、あるいはその基礎をどのように築いたのかも不詳である。勉学にいそしむ一方で、外交官と

して最初の赴任地である朝鮮の仁川《インチョン》で、領事の石井菊次郎《いしいきくじろう》が幣原の酒豪ぶりに驚いたという逸話が残っているくらいだから、酒もそれなりに嗜《たしな》んだに違いない。

このように勤勉な幣原だったが、卒業間近に不幸にも重い脚気《かっけ》を患《わずら》ってしまった。病軀《びょうく》をおして卒業試験に臨んだものの出来は悪く、卒業成績も芳しくなかった。幣原は一八九五年七月に大学を卒業した。一八九五年、つまりは明治二八年の帝大卒業者は、卒業年度にちなんで「二八会」と称する同窓会を結成した。幣原もむろんそのメンバーで、ほかに小野塚《おのづか》喜平次《きへいじ》、下岡忠治、浜口雄幸、上山満之進《かみやまみつのしん》、高野岩三郎《たかのいわさぶろう》、田中清次郎《たなかせいじろう》らが名を連ねた。いずれも、その後の幣原の人生と交錯する面々である。

受験を見送る

幣原喜重郎、大学生時代

幣原にしてみれば、卒業試験よりも、目前に迫っていた外交官領事官試験の方が重要だった。この試験は、一八九三年一一月公布の「外交官及領事官試験規則」に基づくもので、翌年に第一回が実施された。

一次試験の科目は、作文、外国語、公文摘要（日本語による公文の要約）、口述要領筆記で、二次試験は筆記と口述からなる。とくに二次の筆記は、憲法、行政法、経済学、国際公法、国際私法の五科目が必須で、あと一科目を刑法、民法、財政学、商法、刑事訴訟法、民事訴訟法、外交史の七科目から選択するという、難易度の高い内容だった。

試験制度導入の実質的な功労者は、当時陸奥宗光外相のもとで通商局長を務めていた原《はら》敬《たかし》である。原は、外交官や領事官の仕事を「一種の技術」（『原敬全集』上巻）とみていた。そう考える原にとって、縁故や情実によるそれまでの人事は忌《い》むべきものだった。原は、これを排し、公平性と公正性を重視した学力選抜という競争原理を働かせて、志の高い優秀な人材を外交官として安定的に確保しようとしたのである。さらに、戊辰《ぼしん》戦争の賊軍で「白河《しらかわ》以北一山百文」と蔑《さげす》まれた盛岡藩出身であるがゆえに、非藩閥勢力として苦労を重ねてきた原にしてみれば、自らと同様の立場で不遇をかこっている人材を積極的に発掘するための機会拡大でもあったろう。同時にそれは、学士官僚を誕生させることに繋がった。

その意味で、新たな試験制度は、藩閥に連ならず帝国大学卒の学士となった幣原に、有利に働くはずだった。だが、彼は大学卒業二ヵ月後に実施された第二回試験を受験しなかった。前述の脚気が完治しておらず、受験できなかったのである。

そもそも幣原が外交官を志したきっかけは、彼が大学在学中に勃発した日清戦争と、その後の三国干渉だった。とくに三国干渉には、幣原も少なからぬ屈辱感と驚愕《きょうがく》の念に襲われたことだろう。日本の難局に際会し、国運を打開していこうとの決意を固めたのである。にもかかわらず、脚気が原因で受験の機会を逸したのだから、気落ちしないわけがない。おまけに、帝大で同期だった下岡や浜口は高等文官試験に合格し、下岡は内務省へ、浜口は大蔵省へと、意気揚々と官界に乗り込んでいった。

失意の幣原に援助の手を差し伸べたのは、大学時代の恩師穂積陳重《ほづみのぶしげ》だった。穂積は、旧制第二高等学校（仙台）の教授に幣原を推薦した。だが、教師を志望しない幣原は、それを断ってしまう。しばらくして穂積は、次に農商務省を紹介してきた。外交官志望の幣原はそれも断ろうとしたが、穂積の説得もあり農商務省に入省する。配属先は鉱山局だった。一八九五年一一月のことである。

試験に合格、外交官へ

恩師の紹介で就職した手前、幣原は、翌一八九六年二月に実施された第三回外交官及領事官試験の受験を見送ることにした。だが、半年先の九月に実施される第四回試験をどうしても受験したくなった。外交官への思いは募る一方である。

試験実施をひと月後に控えた八月、もはや居ても立ってもいられなくなった幣原は、大臣秘書官の早川鉄冶《はやかわてつや》に辞表を提出すると、逗子《ずし》と箱根で脚気を治療しながら試験に備えた。果たせるかな、九月二五日、見事に第四回試験に合格する。ちなみに、このときの外交官試験合格者は、幣原を含め、亀山松次郎《かめやままつじろう》、小池張造《こいけちょうぞう》、田付七太《たつけしちた》の四名だった。

九月三〇日、外務次官の小村寿太郎から農商務次官の金子堅太郎《かねこけんたろう》宛に、幣原の外務省属への採用についての通知が発せられた。金子は、若くして伊藤博文《いとうひろぶみ》の知遇を得て明治憲法の起草に参画し、のちに伊藤内閣で農商務相、法相を歴任した人物である。一〇月二日には、農商務省から異議なしとの回答が寄せられた。幣原が提出した先の辞表は、農商務省で預かり留め置かれ、幣原は休職扱いになっていた。試験に落第したときに備え、幣原に復帰の途を残しておいてやろうという、農商務省の配慮だろう。退職を惜しまれるほどに、幣原が有用な人材であったことを物語るエピソードである。

かくして外交官への道は開かれた。二四歳の秋である。一八九六年一〇月六日付をもって幣原は領事官補に任じられ、朝鮮の仁川在勤を命ぜられた。

以後、満洲事変によって外相を退くまでの三五年にわたり、幣原は外政家としてのキャリアを積むことになる。それは、国際協調の模索に努めた苦悩の三五年間であった。同時に、日本再生の立役者として戦後の混乱期に総理大臣へ推挙されるに足る信頼を築いた、波瀾万丈の三五年の幕開けでもあった。

第1章　秀才から能吏に——組織人としての自覚

1　朝鮮、欧州へ——日露戦争での「乱暴な話」

朝鮮仁川での第一歩——石井菊次郎との出会い

一八九七年（明治三〇）一月初旬、幣原は領事官補として朝鮮の仁川に降り立った。かつては淋しい漁村に過ぎなかった仁川も、幣原の赴任当時は開港場としての賑《にぎ》わいをみせ始めていた。人口は四〇〇〇人程度を数え、そのうち一〇〇〇人超が日本人だった。幣原が勤務する領事館は、市街の一等地に位置していた。

最初の任地が仁川だったのは、幣原が有能な人材として見込まれていた証《あかし》である。日清戦争後の朝鮮は、北方のロシアによる南下政策に備えるうえで、軍事的だけでなく外交的にみても枢要の地で、将来を嘱望《しょくぼう》される優秀な若手が一度は踏むべき地であった。事実、幣原の後任は、のちに初代駐中国大使として活躍する有吉明《ありよしあきら》（一八七六年生／九八年第七回外交官及領事官試験合格）という逸材だった。

当時の仁川領事は、石井菊次郎（一八六六年生／九〇年出仕）だった。これが幣原と石井の最初の出会いである。石井は、さっそく幣原の歓迎会を催し、そこで幣原の酒豪ぶりに驚く。だが、幣原の仕事ぶりと英語力に、すぐさま目を見張ることになる。

石井菊次郎（1866〜1945）

幣原の任務は、司法事務主任として和文・欧文の公文書作成だった。幣原よりも六歳年長の石井は、幣原の補導に努め、面倒をよくみた。以後、石井は幣原を重用し、幣原も「石井派」と称されるほどに石井を慕っていく。

両者の結びつきの深さは、のちに石井が外相就任に際し、幣原を次官に据えるべく任地オランダのハーグから呼び戻した点によく表れている。二人が「肝胆相照らす盟友」（『幣原喜重郎』）になっていく原点は、幣原の非凡な才能を石井が見出した仁川時代に求められる。

幣原は、石井の薫陶《くんとう》を受け、さらに後任領事の伊集院彦吉《いじゅういんひこきち》（一八六四年生／九〇年出仕）からも外交官としての基礎をたたき込まれて、仁川での二年四ヵ月を過ごした。

ロンドンで英語を学び直す

仁川で修養を積んでいた幣原に帰国を命じる報《しら》せが届いたのは、一八九九年四月中旬のことだった。幣原は五月二二日に仁川を離任、三〇日に帰朝した。

翌日登庁した幣原を、ロンドン在勤の命が待っていた。ロンドンは幣原が長く憧れていた地である。世紀転換期の英国は、かつての威光に翳《かげ》りが見え始めたとはいえ、いまだ世界に冠たる大帝国だった。その首都ロンドンで、幣原は引き続き領事官補として一年四ヵ月を過ごすことになる。八月一九日、幣原はロンドンに到着した。

ロンドンの総領事館は、公使館のあるグローブナー・ガーデンから西に五キロばかり離れたホランド・ロードにあった。公使館はその二年ほど前にはサセックス・スクエアにあったので両館の距離は三キロ強だったが、公使だった加藤高明の強い希望でバッキンガム宮殿そばの同地に移転したため、随分と離れてしまったのである。ちなみに、当時日本と英国との間に設置されていたのは、大使館ではなく公使館である。日英双方が互いの公使館を大使館に昇格させるのは、日露戦後の一九〇五年一二月まで待たねばならない。

このときの公使館には、臨時代理公使を務めていた一等書記官の松井慶四郎《まついけいしろう》（一八六八年生／八九年出仕）を筆頭に、二等書記官の松方正作《まつかたまささく》（一八六三年生／九三年試補として出仕）、外交官補の小池張造（一八七三年生／九六年第四回試験合格）らがいた。松井は、幣原の四歳年長の当時三一歳で、大阪中学校の先輩に当たる。公使だった加藤高明がこの年春に帰国して以来、加藤の敷いた日英協調路線を守って臨時代理公使の重責を担っていた。

一方の総領事館には、領事の荒川巳次《みのじ》（一八五七年生／八四年出仕）のほか、領事官補の諸《もろ》井六郎《いろくろう》（一八七二年生／九七年第五回試験合格）がいた。幣原と生年が同じ諸井は、帝国大学法科大学を卒業後に第五回外交官試験に合格し、幣原とほぼ同期といってもよい間柄だった。その諸井は、ロンドン時代の幣原の勉強ぶりに大きな衝撃を受ける。

当初は幣原のことを「クソ勉強をする奴《やつ》」だとしか思っていなかったが、従来の一種の豪傑型ではなく、これからは自ら営々として苦心惨憺《さんたん》、刻苦勉励《こっくべんれい》してやまない幣原のようでなくては外交官は務まらない、と次第に考えを改めた。諸井によると、幣原は語学の修練に人知れず苦心し、そのため英語力は大いに進歩し、英語の使い手として省内随一と称されるようになったという（『幣原喜重郎』）。英語の「達人」と称されるほどに上達したのは、ロンドン時代の勉強にあった。

その勉強方法は、ユニークだった。「アンラーン（unlearn）」するようにと、新たに雇った家庭教師から助言されたのである。彼は「あなたが日本で学んできた英語というものが、あなたの耳や口にこびりついている」（『同前』）ので、変な訛《なま》りを忘れる必要があるという。家庭教師は、古典の三、四ページを幣原に与えてひたすら暗唱させ、発音を徹底的に矯正する勉強を繰り返した。

幣原自身、市内で馬車の馭者《ぎょしゃ》に行き先を告げてもまったく通じないことを経験しており、発音を上達させねばと考えていた。もっとも、こうした経験は幣原に限った話ではなく、英語の使い手としてこれまた名を馳《は》せた松井慶四郎も、同じように悩んでいた。総領事館の所在地である「ホランド（Holland）」の発音が、日本人にはたいそう難しいという。大使館から総領事館へ出かける際、松井が馭者に向かって「ホランド・ロード！」と何度叫んでも一向に通じないさまを、幣原はしばしば目にしていた。とても他人事《ひとごと》とは思えず、「自分の英語が本当の英語ではない」（『外交五十年』）と悟った幣原は、「ABCからやり直すなど、語学では人知れぬ苦労」（『同前』）を積んで、英語を学び直した。

ロンドン在勤時代は、幣原にとって楽しい思い出となった。何より、間借りした下宿先の一家との団欒《だんらん》が、幣原に安息を与えた（『同前』）。英語を学び直し、イギリス人家庭との温かい交流を得て、幣原は短いながらも充実した一年四ヵ月を過ごすことができた。

アントワープから釜山へ

一九〇〇年一二月、幣原は、ベルギーのアントワープ（フランス語ではアンヴェルス）在勤を命じられた。その年の一〇月、第四次伊藤博文内閣が成立し、外相には加藤高明が抜擢された。幣原は、のちに義兄となる加藤から領事に昇進する辞令を受けるとともに、アントワープ領事館館長を命じられた。

時のアントワープは、市街地の改良と港湾の拡充整備の真っ最中だった。幣原は、その明媚《めいび》な街並みもさることながら、ドイツ、フランスといった大国に囲まれながらも、弱肉強食の論理が支配した当時の欧州のただなかで、たくましく生き抜く小国ベルギーに興味をかき立てられた。国際経済の観点から調査・研究を思い立ったが、着任半年にして帰国を命じられてしまい、断念せざるを得なかった。一九〇一年七月、幣原は後ろ髪を引かれる思いで、景勝の任地を後にした。後任はロンドン時代に机を並べた諸井六郎だった。

帰国した幣原は、次に釜山《プサン》領事館在勤を命じられた。四ヵ所目の領事館勤務である。一〇月一二日に、幣原は釜山に到着した。当時の釜山は、日本の小都会のような景観を呈し始めていた。本町、北浜町、弁天町、幸町、琴平町、富平町といった町が東西南北に延び、在留日本人人口は、五〇〇〇人を超えていた。

日本領事館は龍頭山《ヨンドウサン》の中腹に当たる琴平町に位置しており、二階のバルコニーからは全市街が一望でき、釜山港も遠く望めたという（『幣原喜重郎』）。貿易港として発展をとげつつあった釜山港では、日本との貿易も活発に行われていた。

ただ釜山は、日韓通商活動の玄関口であるばかりではなかった。東アジアでの日露の対立が次第に深刻化するなか、日露開戦のきっかけにもなった対立の前線でもあった。しかも幣原は当事者として、そのきっかけに大きく関わることになる。

日露開戦に際会して——臨機応変の武勇談

幣原は、日露開戦をここ釜山で迎えた。日露関係は、一九〇一年（明治三四）以降急速に冷え込んでいた。義和団《ぎわだん》事件（北清《ほくしん》事変）後、満洲へ軍隊を駐留させていたロシアが撤兵に応じず、朝鮮半島に権益を求める日本との間に緊張が高まっていたのである。一九〇四年二月一〇日、ついに日露両国は宣戦を布告した。

宣戦布告に先立ち、日本はロシアに奇襲攻撃を仕掛けた。二月八日に旅順《りょじゅん》港外のロシア艦隊を攻撃し、九日は仁川の沖合でロシア軍艦二隻を撃破したのである。これが奏功したことにより、日本海軍は黄海《こうかい》の制海権を握り、緒戦の戦闘は日本に有利に展開した。

実は幣原は、この奇襲攻撃に一役買っていた。七日早朝、釜山港内で日本海軍がロシア商船を捕獲する事件が起きた。開戦が目前に迫り、両国間の緊張が極度に高まっている時期である。ちょうど日本海軍内では、旅順港に停泊するロシア艦隊を宣戦布告前に攻撃する計画が練られており、翌日がまさにその決行日だった。そのような極秘情報をむろん知る由もない幣原だったが、釜山の電信局を押さえ、ロシアに利用させない挙に出た。

これには、韓国国内での日露両国の通信環境が大きく関わっている。日清戦後、日本は韓国との間に約款を結び、京城《けいじょう》（現ソウル）・釜山と京城・仁川間に計二本の電信線を敷設し管理していた。だが、一方のロシアは韓国国内に一本も電信線を持っておらず、釜山から本国へ連絡を要する場合には、日本の管理下にある電信を利用し京城経由で情報を送るしか手段がなかった。こうした状況下で幣原が電信局を封鎖し、さらには電信線を切断したので、ロシア領事はロシア本国に商船捕獲の報せを伝達できなくなってしまった。

そのためロシア政府は、開戦機運の高まりを察知する機を逸し、結果的に翌日と翌々日の日本海軍による奇襲攻撃への対応が遅れることになった。「はなはだ乱暴な話」（『外交五十年』）だったと、蛮行と紙一重の所業を幣原自身が後年に回想しているが、これは若き幣原がみせた武闘派の一面だった。

岩崎家四女雅子との結婚

釜山時代に、幣原は結婚した。相手は岩崎弥太郎《やたろう》の四女雅子《まさこ》である。きっかけは、幣原が領事官補として在勤したロンドン時代に遡《さかのぼ》る。当時総領事の荒川巳次は、加藤高明夫人の春路《はるじ》から妹雅子の結婚相手を紹介するよう、かねてより依頼を受けていた。

加藤の公使時代、留学のためロンドンにやって来た雅子は、加藤公使夫妻が一八九九年春に帰国して以降も、ひとりロンドンに残って勉強を続けていた。当時三大財閥の一角を占める三菱の御令嬢との縁談である。結婚すれば加藤高明は義兄となり、経済的にも出世街道を歩むうえでも、これ以上ない良縁だった。

ところが当の幣原は、これにまったく乗り気でない。むしろ後ろ向きだった。せっかく荒川が話を持ちかけても、「少し考えてみましょう」といかにも素っ気ない。実は幣原には、意中の女性が別にいた。仁川時代、幣原はイギリス領事館に勤務する領事の妹と知り合いになり、しかもここロンドンでその女性と再会を果たして、二人は将来の約束を交わすほどの仲になっていた。幣原は、このイギリス人女性との結婚を密《ひそ》かに望んでいたのである。

幣原は雅子との縁談の返事をしないままロンドンを離れ、アントワープ、釜山と、勤務地を変えていった。ただ、荒川もしぶとく、雅子との縁談話を諦《あきら》めない。イギリス人女性との結婚と縁談とに思い悩んだ幣原は、先輩として慕う石井菊次郎に相談した。

石井の回答は、イギリス人女性との結婚を再考するよう促すものだった。国際結婚がまれだった当時では、常識的な助言だったろう。兄や郷里の両親にも相談したが、家族からもイギリス人女性との結婚には反対された。かくして幣原は雅子との結婚を決意する。

一時帰国をしていた幣原は、一九〇二年暮れの雅子の帰国を待って、翌〇三年一月二〇日、石井夫妻を媒酌人として式を挙げた。幣原三〇歳、雅子二二歳だった。挙式後、幣原は雅子を伴い、すぐさま任地の釜山に戻っていった。

2　電信課長の職責——ポーツマス条約締結の陰で

電信課長に就任

結婚後一年が経った一九〇四年（明治三七）三月下旬、すなわち日露開戦から一ヵ月半後、領事の任を免ぜられた幣原は、家族を伴って帰国した。釜山赴任中に長男道太郎《みちたろう》が誕生し、家族がひとり増えての帰国だった。任官七年目にして初めての本省勤務となった幣原は、約一年半の臨時外務省事務（電信課長代理）に従事した後、電信課長を命じられ外務書記官に任じられた。

当時の電信課長の職責について、その重さを語るのに、当時の本省から海外に発出される電報のほとんどが英文で書かれ、電信課長自らが英語の達人でなければならなかった、加えて大臣、次官のブレーンとしての役割も担った、といった指摘がある（『幣原喜重郎』）。

だが、それはやや誇張が過ぎる。たしかに、英文で起案した訓令を本省から電報として発信したり、在外公館から英文の電報を受信したりといった場面は頻繁にあった。だが、発受電報全体に占める英文電報の割合は、そこまで高くない。残存する外務省記録からうかがえるのは、どんなに多く見積もっても四〜五割程度だろう。大臣や次官のブレーンとしての役割にしても、その筆頭は、政務局長だった。政務局こそが、当時の外務省の花形だった。「ハデな局」（『堀内謙介《ほりうちけんすけ》回顧録』）であり、もっぱら政務方面を担当して、省内では俗に「機密局」と称され、大いに羽振りをきかせていた（『幣原喜重郎』）。

電信課長として重要な仕事は、もっと別にあった。それは、受信した電報の内容に応じて、主管（担当）部署を決めて、それを当該部署に回付することだった。この業務は簡単にみえて、実はなかなか難しい。時の外務省が抱えるすべての案件とその内容を正確に理解しておかなければ、各部署へ受信電報を適切に割り振ることは不可能だからである。

電信課長は外務省の業務全体に通暁《つうぎょう》している必要があり、さらには日々刻々と変化する国際情勢にも敏感でなければならなかった。幣原が八年もの長きにわたって電信課長を務めた理由は、彼の英語力やブレーンとしての調査能力に加え、省務全体を把握し、的確で安定した文書処理業務を完遂したからである。

とりわけ、日露戦後になると、外務省が取り扱う電報数は、飛躍的に増大した（『旧外交の形成』）。中国に権益を獲得し大陸国家としての舵取りが日本外交の重要課題として浮上したこの時期に、膨大な受信電報を担当部署に的確に回付することは、誰しもがなしえる仕事ではなかった。これを着実にこなした幣原は、省務全体を見渡す力をさらに高め、能吏《のうり》としての才能を開花させていった。

デニソンからの薫陶

電信課に勤務し始めた幣原に、新たな日課が加わった。それは、外務省顧問のヘンリー・W・デニソンと、毎朝皇居を一回りして散歩をすることである。その道すがらデニソンは、外交文書の書き方の心得や実例、有名な歴史的エピソードなどを次から次へと幣原に教えたという（『幣原喜重郎』）。

デニソンは、一八八〇年から没するまでの三四年間、法律顧問として外務省に在籍したアメリカ人法律家である。明治期日本が抱えた最大の外交案件である不平等条約改正事業のアドバイザーとして、とくに活躍した。

釜山から帰任した幣原が電信課長代理として外務省構内にあった官舎に移り住んだとき、

デニソンが隣の官舎に住んでいたため、二人は知り合ったという（『同前』）。当時、幣原三二歳、デニソン五八歳だった。親子ほどの年齢差だったが、幣原はデニソンの明解な外交論と思慮深さに心酔し、一方のデニソンも当時すでに外務省随一の英語の使い手だった幣原を大いに見込んで、二人はすぐに懇意になった。それはまるで師弟のような関係だった。

幣原とデニソンについて、有名なエピソードがある。幣原が参事官として米国在勤を命じられた一九一二年の晩春、デニソンも休暇を取得し、幣原と同じ船で一時帰国することにした。デニソンの執務室の片付けを手伝っていた幣原は、一編の書類の綴《つづ》りを見つけた。開いてみると、それは日露戦争勃発の直前、開戦回避を目的とした日露談判の訓令電報の草稿だった。さらによくみると、全一六通の草稿が順序立てて綴られており、それらには鉛筆や赤インキが用いられたり紙が貼り直されたりして、ひとつの電報ごとに一四〜一五回も書き改められていた。要は、開戦か避戦かを左右する訓令をデニソンが小村寿太郎外相の口述をもとに起稿し、何度も推敲《すいこう》していたことを示す電報草稿の綴りだった。

幣原はこの草稿の束にすっかり感銘を受けた。言葉や単語の使い方ひとつとっても熟慮に熟慮が重ねられており、外交電報を作成するときの何よりの手本になる。こう考えた幣原は、デニソンに是非とも譲ってくれるよう頼んだ。請われたデニソンはそれを手に取ってしばし見返していたが、やおら立ち上がるとストーブの前まで歩み寄り、突然その綴りをストーブに放り込んでしまった。

「あっ！」と幣原が声を上げたときにはすでに遅く、紙束は炎に包まれていた。驚いた幣原が、燃やすくらいなら自分に譲ってくれてもいいではないかと詰め寄ると、デニソンは諭《さと》すように答えたという。

日露談判はその結果がよくも悪くも小村外相の責任でなされたもので、自分はあくまで速記者として関わっただけである。だが、あなたがこの書類を持っていると、日露談判の電報を作成したのは実はデニソンだと周囲に話すだろう。それは困る。そういう記録を残すべきではないと判断し、焼却したまでである、と。

これが幣原とデニソンとの間で交わされたほぼ最後のやりとりになった。公務のため出発を急遽延期したデニソンは、幣原と同船できなかったからである。デニソンは二年後の一九一四年（大正三）七月、幣原の英国赴任中に、東京築地の聖路加《せいろか》病院で亡くなった。

後年幣原は、このときの出来事を踏まえ、「功を人に譲り、自分は何もしなかった」デニソンを「心情の高潔さ」に満ちた人物だったと回想している（『同前』）。デニソンは、自らの蔵書を幣原に譲ることを遺言とした。貴重な蔵書を遺贈されるほどに、幣原はデニソンから深く信頼されていた。

南樺太割譲に繋がる機転

話は少し遡る。

日露戦後のポーツマス条約の締結交渉にも、幣原は電信課長代理の立場で陰ながら関わった。それは、条約締結の最終局面だった。

一九〇五年八月二六日未明、樺太《からふと》全島の割譲と賠償金をロシアに要求する方針が五者（伊藤博文枢密院議長、桂太郎《かつらたろう》首相、山本権兵衛《やまもとごんべえ》海相、寺内正毅《てらうちまさたけ》陸相、珍田捨巳《ちんだすてみ》外務次官）会議で決定された。だが、同日午前九時からの御前会議で方針が一八〇度転換され、樺太も賠償金も放棄する結論となった。幣原は、その旨を記した訓令電報をポーツマスの全権小村寿太郎宛に、二八日午後八時三五分に発信した。ところが、事態は再び大きく転換する。

先の電報発信後ほどなくして、南樺太だけの割譲なら交渉の余地があるとするロシア側の意向を、当時通商局長だった石井菊次郎が駐日英国公使から聞き出したのである。石井を取り囲む省員は、一様に歓喜した。「オイ、南半分は助かるんだぞ！　助かるんだぞ！」。

ならば、この内容をすぐさま訂正情報として小村に伝えるとともに、先刻発信した電報を取り消さねばならない。でなければ、樺太全島と賠償金放棄を伝える先の訓令に従って、小村は条約を締結してしまう。

ここで機転を利かせたのが幣原と石井だった。再度、御前会議を開いて方針を変更する算段を取り付けていたのでは、とても間に合わない。幣原と石井は桂に事の要点を伝えると、すでに帰宅していた珍田を往訪、説得し、ロシア側との最終会見をいったん延期し、先の訓令の施行をしばし見合わせる内容の至急電報を発信した（『外交余録』）。

果たせるかな、至急電報は、宿泊ホテルを出発しロシアとの会見場に向かう道中の小村に届けられた。八月二九日（現地）の最終会議開会直前という、まさに危機一髪のタイミングで、日本への南樺太譲渡への道が開かれたのである。石井と幣原のとった行動が、それを実現させたのだった。

小村から学んだ電報の価値

「始終大臣室へ行く」（『外交五十年』）立場の電信課長として、第一次桂内閣期の小村に仕えたことは、外交電報を重視する小村の情報処理方法を学ぶ絶好の機会となった。

小村の電報への向き合い方は慎重であり、よい意味で粘着質だった。幣原が電信課長と取調課長を兼任していた時分、省内の花形部署である政務局の第一課長（中国問題担当）だった芳沢謙吉《よしざわけんきち》（一八七四年生／九九年第八回試験合格）は、電報至上主義ともいえる小村の外交情報への接し方を、次のように回想している。

公信や電信は頗《すこぶ》る重要なものであるが、ただ公信は郵便または特使に依《よ》って運ばれ、枚数も多く、また電信ほど緊急性がない。小村さんは公信は見ず、電信だけに頼ったので、電信はよく読んで、たとえ一行の電信と雖《いえど》もおろそかにしない。それだから海外からの来電を縦に見、横に見、あるいは倒《さかさま》に見るなど、一枚の電信を読むにも時間がかかるが、そのかわり電信の内容をよく記憶している。また在外使臣に対する電訓となると、大概大臣自身の頭から割り出される。そして電信文は大臣の言った通りに書かないと承知しない。小村さんは元来頭の良い人で、その言うところ理路整然としている上に簡潔であった。その口述する電信文はそのまま立派な文章になっている。（『外交六十年』）

矯《た》めつ眇《すが》めつ電報を読み込む小村の姿勢は、一言たりとも疎《おろそ》かにできないという、文書作成の基本にして極意を学び取ることに繫がった。

奇《く》しくもそれは、デニソンの教えにも通じるものでもあった。たった一通の電報を書くために、辞書を繰り返し何度も引くべきだと、デニソンは幣原に教えていた。その教えに従い、幣原は常にウェブスターの英和辞書を座右に置いていた。太平洋戦争中の空襲で家財の一切を失った幣原が、親友の大平駒槌に英和と和英の辞書を真っ先に所望したというエピソードもある。のちに、幣原は後輩省員に向けて「外交文書の文体、起草者の心得並に諸種の形式」という文書作成マニュアルを執筆するが（第6章参照）、その原点は電信課長時代に求められる。

デニソンとの出会いと、長年にわたる電信課長のキャリアによって、幣原は、若き官僚としての素地を形成させていった。能吏としての頭角を現し始めた幣原は、第二次小村外交を支えるべく、取調課長、局長として、引き続き誠心事に当たることになる。

第2章　外務次官までの道程――一九〇八～一九年

1　小村寿太郎からの薫陶――条約改正への奮進

取調課長の兼務

一九〇八年（明治四一）七月、第二次桂太郎内閣が成立し、小村寿太郎が外相に返り咲いた。二年あまり英国大使を務めたのち、再び本省のトップとして戻ってきたのである。日英同盟の締結、日露戦争の開戦・講和、さらには清国との間で締結した満洲に関する条約など、第一次外相期だけで立て続けに大仕事を成し遂げた小村の次なる課題は、日本にとっての宿願ともいえる関税自主権の回復だった。

就任早々、小村はそのための準備作業を加速させた。通商局内にそれまで設置されていた条約改正調査係を拡充させ、一九〇八年一〇月に条約改正準備委員会を新たに勅令によって設置した。

小村外相自らが委員長になり、副委員長に平田東助《ひらたとうすけ》内相、大浦兼武《おおうらかねたけ》農商相、井上勝之助《いのうえかつのすけ》前駐独大使を起用した。外務省からは、外務次官の石井菊次郎、政務局長の倉知鉄吉《くらちてつきち》（一八七〇年生／九四年内務省出仕）、通商局長の萩原守一《はぎわらしゅいち》（一八六八年生／九五年第二回試験合格）、在中国公使館参事官の阿部守太郎《あべもりたろう》（一八七二年生／九六年高文合格）、取調課長の幣原、書記官の諸井六郎が委員に任命された。

幣原が電信課長に加え取調課長の兼務を命じられたのは、この委員会設置の一週間前で、条約改正準備の働きを期待されてのことだった。取調課は国内外の法律や国際法についての調査を担当する。その課長である幣原が委員会で担当したのは、永代借地権と外国人土地所有権に関する調査研究だった。

幣原のもとには、諸井や、省内でのちに「国際通商関係の権威者」（『中国の嵐の中で』）として鳴らすことになる通商局在籍の川島信太郎《かわしまのぶたろう》（一八八〇年生／一九〇七年第一六回試験合格）らが集められた。「有名な勤勉家」（『同前』）の川島は、入省して間もない新人ながらも堅実な仕事ぶりで幣原を大いに助けた。一九一一年七月、幣原は電信課長の職位についたまま、取調課を拡大改組させた取調局の初代局長兼務を命じられた。

政務局中心主義

幣原が電信課長として過ごした八年（一九〇四年四月からの課長代理時代を含む）は、主に日露戦後の八年間だった。大陸に権益を獲得して大陸国家化していくなか、三度にわたって改正を重ねた日露協約によってロシアとの関係を回復させ、南満洲と東部内蒙古《ないもうこ》（満蒙権益）の地歩を強固にしていった。満蒙権益の運用には、中国との調整が重視されたが、同時にロシア以外の欧米主要国と協調的な関係を築いて、その運用を認めさせることも重要だった。そのため日露戦後から一九一〇年代にかけて、日仏間で日仏協約（一九〇七年）が、日米間で石井・ランシング協定（一九一七年）が締結された。

こうした政策を推し進める外務省で、中核を担った部署は政務局だった。当時の外務省の機構は、大臣官房のほか、政務局、通商局、取調局の三局体制であり、幣原が局長を務めた取調局は、一九一一年に新設されたばかりだった。

政務局中心主義ともいえる執務体制は、当の職員たちも認識していた。一九一一年に外交官試験に合格し、幣原の一五期後輩に当たる堀内謙介は、「当時、外務省でハデな局といえば、政務局だったろう。この局はほとんど華族が独占していた。第一課長は小村欣一《きんいち》、課員は徳川家正《いえまさ》、岡部長景《おかべながかげ》、栗野昇太郎《くりのしょうたろう》、尾崎洵盛《おざきのぶもり》であった」（『堀内謙介回顧録』）と回想している。「華族が独占」とは、うまく言ったもので、小村欣一の実父寿太郎は侯爵、徳川家正の父は言わずと知れた徳川宗家第一六代の家達《いえさと》で公爵の家柄、岡部長景は実父に元司法大臣の長職《ながもと》を持つ子爵の家柄であり、栗野昇太郎の実父慎一郎《しんいちろう》は日露開戦時の駐ロシア公使で子爵、尾崎洵盛の実父は元法制局長官の三良《さぶろう》で男爵だった。

だが政務局は、派手さゆえに中枢だったわけではない。所掌《しょしょう》事務がそれを物語っている。明治末から大正初期、政務局内は第一課と第二課に分かれていた。第一課が主に中国をはじめとするアジア地域の問題を、第二課がそれ以外の地域、すなわち欧州、南北アメリカ、アフリカの問題を担当した。政務局は、のちに第一課が拡大改組され亜細亜局へ、第二課が欧米局へと分化して地域局として発展していく前身に当たる。とりわけ、政務局第一課が中心的な存在だった。昭和期にいたると「亜細亜局モンロー主義」なる価値観が外務省を覆い始めるが、政務局第一課はその源流だった。

しかも、政務局が力を持ったのは、単に地域局的な機能を発揮したからではない。重要なのは、政務局が省務の多くを統御したことだった。たとえば、情報管理の面でも支配的だった。「公表外交」（第4章参照）の先駆けの『外交彙報《いほう》』という雑誌が一八九二年に創刊された際には、編集長を務めた政務局長の栗野慎一郎（一八五一年生／八一年出仕）が中心となって機密情報を管理して掲載文書を選別するなど、のちの情報部に相当する業務も司《つかさど》った。

実は幣原は、政務局勤務を一度も経験していない。主流として出世街道を突き進んだ幣原だったが、外務省の中枢であり主要な意思決定ラインだった政務局への勤務経験がなかったため、いわゆる亜細亜派（第3章参照）の政策理念に、中国問題の専門家としての立場から親しむ機会を失った。幣原自身、そのことをどう考えていたのか定かではない。ただ、のちに幣原が外相になった際、キャリア形成のこうした特徴は、彼が省内で十全にリーダーシップを発揮できない原因のひとつになったことは間違いない（第4章、第5章参照）。

小村外交の継承

修養時代といえる本省での八年間は、幣原にとって三三歳から四一歳までの青年期から壮年期にあたる。プライベートでは一九〇六年二月に次男の重雄《しげお》に恵まれた。

一方、公務の面では、この間、のべ六人の大臣に仕えた。小村寿太郎（第一次桂内閣）、加藤高明（第一次西園寺内閣）、西園寺公望（同）、林董《はやしただす》（同）、寺内正毅（第二次桂内閣）、小村（同）の六名である。このうち、西園寺と寺内は臨時兼任であり、加藤も就任後わずか五六日で辞任したので、これら三人にはわずか一、二ヵ月ほど仕えたに過ぎない。

対照的に、二度にわたって仕えた小村からは多くの薫陶を受けた。とりわけ条約改正事業に奮進する小村から、幣原はリーダーシップを学んだといえる。関税自主権の回復を何としてでも実現するという小村の気迫と熱意は並々ならぬもので、難航した交渉を見事妥結に導き、一九一一年四月、いわゆる「小村条約」を成立させた。

その様子を二年半にわたり間近で見続けた経験は、能吏として頭角を現しつつあった幣原に、そう遠くない将来、リーダーとして外務省を牽引《けんいん》していかねばという自覚を促したであろう。単なる能吏を超えた、国家の命運を背負う大官として生きる覚悟をこのとき幣原が決めたとしたら、それは幣原にとって大きな変化だったといえる。

小村寿太郎（1855～1911）

事実、このとき促された自覚がのちに開花したのではと思える事例がある。それは、駐米大使時代に全権として関わったワシントン会議である（第3章参照）。このときの幣原は、病軀をおしてまで、小村を彷彿《ほうふつ》とさせる最後まで粘り強く交渉に当たる姿勢を貫いた。幣原が小村から受け継いだのは、外交交渉にかける信念と情熱と、粘り強く事に当たる泥臭さだった。とくに最後の一事は、エリート街道を歩み元来淡泊な性格だった幣原にとって、もっとも必要な要素だったといえよう。

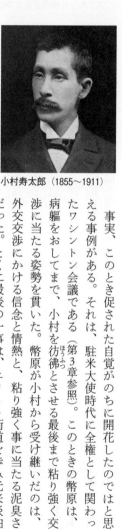

外交理念の面でも、幣原は小村を継承した。この点は、幣原の後輩外交官堀内干城《ほりうちたてき》（一八八九年生／一九一八年第二七回試験合格）がいみじくも言い当てている。堀内は、第一次幣原外交期には通商局に在籍して、幣原を支えた人物である。

所謂《いわゆる》幣原外交の理念は小村外相の伝統を継承するものであって、外交は戦争ではない、一方が勝って他方が負けるということはあり得ない。外交においては常に両国相互の本然の立場を互いに尊重し合って、両国国民の利害関係を公平に調整する。即《すなわ》ち所謂ギヴ・アンド・テークに依《よ》り双方の満足すべき取決めを結ぶということが外交本来の目的である。〔中略〕小村さんは日露戦争の後始末のために、ポーツマス会議に行かれた時に、この信念に基いて善処されたのである。〔中略〕小村さんが常に部下に教えて居られたことは、外交官は国民の喝采《かっさい》を博そうなどと考えてはいけない。外交官が国民の称賛を得ようとして後向の外交をやれば、それは必ず国を戦争に導く危険を生ずる。外交官は常に軟弱外交といわれて国民から攻撃されるということを覚悟していなければならない。

（『中国の嵐の中で』）

堀内の見るところ、正義と公正を重んずる幣原外交は、公平に両国関係を調整する小村外交の再来だった。

2　排日問題の渦中へ——駐米参事官時代

駐米参事官への転出

一九一二年（明治四五）五月、幣原は大使館参事官に任じられ、米国大使館在勤を命じられた。初めての米国勤務である。幣原は、九月八日にワシントンに到着した。

日露戦後の日米関係は、決して良好とはいえなかった。日露戦争以前の日米関係なら、たしかに良好だった。ロシアによる南下政策は東アジア地域の安定的秩序にマイナスだと認識した米国は、日露戦争中は日本の外債募集に積極的に応じて戦費調達に貢献し、戦争終結をめぐって講和の仲介の労を取り、ポーツマス会議をお膳立てしてくれた。

だが、日露戦後になると、南満洲権益を手に入れた日本の大陸投資策に米国は警戒を示し始めた。日本による満鉄単独経営を阻止すべく、米国の鉄道資本家エドワード・E・ハリマンによる満鉄買収が計画されたり、さらにはフィルランダー・C・ノックス国務長官による、米国を含む計七ヵ国による満鉄共同管理が提案されたりした。これらの計画や提案は、いずれも実現することはなかったが、満洲地域で日本が自由に経済活動を展開することを、米国は次第に警戒するようになっていった。

幣原が参事官として米国に赴任した一九一二年は、このように日米間に緊張が高まりつつあった。なかでも、日本から米国への移民の取り扱いが大きな懸案事項であった。米国がアジア人の入植を制限しており、日本もその対象とされたのである。

アジアからの渡航者に対する米国の締め付けは、一九世紀末まで遡る。一八八八年一〇月、中国人移民制限法（一八八二年五月六日成立）を強化した通称スコット法が成立した。これは清国人排斥法とも呼ばれる法律で、米国に渡航できなくなった中国人の代替労働力として、日本人労働力への需要は高まった。この法律に関する限り、日本人は不利益を被ってはいなかった。

状況が日本人排斥へと転換していったのはその後のことだった。一八九一年四月に「移民および外国人契約労働者法」が施行されると、醜業者、貧困者、不健康者、契約労働者らが上陸することは禁止され、処分も厳格化されて、多くの日本人が抵触した。これに続いて、一九一三年（大正二）五月、カリフォルニア州議会で、いわゆる排日土地法が制定される。

排日土地法

排日土地法とは、正式名称を「カリフォルニア州外国人土地法」といい、帰化能力のある外国人には米国人同様に不動産所有権を認めるが、帰化できない外国人の土地所有を禁ずることを定めた法律だった。これが日本人を明確にターゲットにしたものだと認識され、日本では排日土地法と称された。

意外に思うかもしれないが、この問題に対する米国世論の一部には冷静な反応を示すものもあった。たとえば、有力紙『ニューヨーク・タイムズ』は、「反排日論」と題する社説を掲載して、カリフォルニア州議会の動向を牽制した（一九一三年四月二九日付）。米国世論全体が決して排日土地法を支持したわけではない。

米国の外交当局も、法案の成立を由々しき事態だと懸念していた。国務長官のウィリアム・J・ブライアンは、カリフォルニア州に赴いて州当局の説得を試みたほどだった。だが、それも失敗に終わる。米国政府が州議会の決定にこれ以上介入・干渉するのは、不可能だった。

一方、日本のメディアは、当然ながらこの問題を大きく報道した。『東京朝日新聞』は、成立の前々年一九一一年からすでに報道し始め、一三年（大正二）一月に法案が州議会に提出されて以降は、朝日以外の新聞各紙も連日この問題を取り上げた。「排日案」「排日法案」の見出しが紙面を飾らない日はなく、なかには日米開戦説を訴える記事まで登場した。

若き外交官の幣原も、この問題には心中穏やかでなかった。珍田捨巳大使の指示を受けた幣原は、排日土地法の無効を米国の最高裁に提訴するための方法や、勝訴の可能性などについて調査研究した。だが、勝訴の可能性が低いことが判明すると、訴訟も諦めざるを得なかった。第二次大隈重信《おおくましげのぶ》内閣の外相に就いた加藤高明は、この交渉を打ち切った。

ブライスの教訓

排日問題の起きている現地米国での参事官でありながら、幣原は、法案が成立し、訴訟から撤退することをただ受け入れるしかなかった。失意に沈みながらも、日本の世論が収まらない状況では、抗議を続けるしかないと考えていた。しかし、そのような幣原に、ある老練な外交家が示唆に富む外交の要訣《ようけつ》を伝授した。

その外交家とは、駐米英国大使のジェームス・ブライスである。ブライスは、政治家、外交家であるだけでなく、英国オックスフォード大学で史学講座を担当していた学者でもあった。ブライスが幣原に教えたのは、単なるテクニックとしての外交技術ではなかった。それは、長期的かつ歴史的な視座を持つこと、交渉相手国の国民性を観察すること、相手国への抗議による関係悪化の得失を見透《みとう》すことだった。要するに、大局観と全体像のもとで外交活動を展開することの重要性を伝えたのである。

　実はブライス自身も、このとき米国の政策に激しく異を唱えていた。自国船以外の外国船に対するパナマ運河通行税の大幅引上げを米国議会が予定していたことに対してだった。これは国際条約違反であり、差別待遇でもある。英国としても通商活動のうえで競争力を大きく削《そ》がれるため、ブライスも当初は強硬に抗議していた。

　だが、原案が議会を通過するとブライスは抗議をあっさりと取り下げてしまった。腑《ふ》に落ちない幣原は、このまま打ち捨てておくわけにもいかないでしょう、英国の世論もますます喧《かまびす》しくなるでしょうし、とブライスにその理由を問うた。

　するとブライスは、やや昂然《こうぜん》として次のように語ったという。英国はどんな場合でも、米国とは戦争しないことが国是になっています。これ以上抗議を続けると、結局戦争まで発展してしまいます。戦争する腹がなく抗議ばかり続けても無意味です。われわれは些細《ささい》な面目や一部の利害にこだわって、大局の見地を見失ってはなりません、と。

J・ブライス（1838～1922）

　さらにブライスは、排日問題で米国政府へ抗議し続けるという幣原に、いったい日本は米国と戦争する覚悟があるのですかと問い、米国の国民性について次のように諭した。

米国の歴史をみると、外国に対して不正と思われるような行為を冒した事例が相当あります。ですが、その不正は米国人自身の発意でそれを矯正しています。激しい外国世論の圧力に屈して矯正しているわけではないのです。これは米国の歴史が証明しています。

果たして、ブライスの見立ては正しかった。パナマ運河の開通は第一次世界大戦のために大幅に遅れたが、その開通直前、米国政府は自らの過ちに気づき、先の差別的な通行税を撤廃する。

これには後日談がある。一九一九年、幣原が駐米国大使となって赴任し、国務長官と面会するために国務省へ赴いたある日のこと、偶然にも待合室でブライスと居合わせた。聞けば、講演旅行で米国にやって来ている最中だという。そこで幣原は、パナマ運河通行税はあなたの見立てどおり撤回されましたが、排日土地法については見当が外れましたねと、かつての話題を切り出した。するとブライスは、またもや厳しい口調で幣原に次のように言い聞かせたという。

国家の長い生命からみれば、五年や一〇年は問題ではありません。功を急いで紛争を続けていては、二進《にっち》も三進《さっち》もいかなくなります。外交官たるものはもっと長い目で国運の前途を見つめ、大局的見地を忘れてはなりません。

幣原自身、「まるでお祖父《じい》さんにでも訓《おし》えられるような気持」（『外交五十年』）だったと回想している。このようにブライスは、歴史的な視座のもと、長期的なスパンで外交を捉える大局観の重要性を繰り返し幣原に説いた。オックスフォードで歴史学を教えた経験に裏打ちされた老大官の高見であり、幣原が外交官としての見識を一段と深めた教えだった。

駐英参事官に――二度目の英国

幣原が再び英国の土を踏んだのは、年の瀬も押し迫った一九一三年一二月三〇日のことだった。一三年ぶりの赴任は、前回の領事官補とは違い、大使館参事官としてだった。勤務先も総領事館ではなく、バッキンガム宮殿近くの大使館だった。

当時の大使館は、大使の井上勝之助（一八六一年年生／八〇年大蔵省出仕）を筆頭に、二等書記官に吉田伊三郎《よしだいさぶろう》（一八七八年生／一九〇四年第一三回試験合格）、三等書記官に沢田節蔵《さわだせつぞう》（一八八四年生／一九〇八年第一七回試験合格）、三等書記官に岡部長景《おかべながかげ》（一八八四年生／一九〇九年第一八回試験合格）を擁する体制だった。幣原は、セント・ジェームスに立派な部屋を借り、そこから目と鼻の先の大使館に通う毎日だった。領事官補時代、ストラタム・ヒルという郊外の田舎町に間借りし、汽車で通勤したのとは大違いだった。

在任期間、幣原は英国の議会制度に興味を持ち、その研究を志していたという。ただ、今回の英国滞在期間はわずか六ヵ月で、あまりにも短すぎた。議会制度研究にも着手できないまま幣原はロンドンを離れ、次の任地オランダのハーグに向かわねばならなかった。

E・グレイ（1862〜1933）

老大国の外政家――グレイとの出会い

短い期間ながら、幣原はここ英国でも、外交の師と仰ぐべき大官との出会いに恵まれた。エドワード・グレイ外相である。保守党政権バルフォア内閣から自由党政権キャンベル＝バナマン内閣へ政権が交代したことにより、グレイは外相に就任した。

幣原は、グレイが暗号解読を嫌悪したり、あらぬ嫌疑を掛けられるのを避けるために外相就任と同時にそれまで所有していた一切の証券を売却したりという、政治家としての清廉《せいれん》な姿勢に共感していった。

なかでも、メキシコで起きたイギリス人虐殺事件へのグレイの対応に、幣原は感銘を受ける。英国議会は居留民保護を名目に、米国への軍艦の派遣を決定した。ところが米国政府から、それは米国のモンロー主義を侵犯するため黙視できないと抗議がきた。ならば英国人の生命財産の保護に米国政府は努めるよう英国が申し入れると、米国はその責任も負えないと、またもや断ってきた。英国外務省では官僚たちがこれに大いに憤慨していた。

だが、グレイの対応はそれとは違った。議会で提出された質問に対し、「何の手段もとりません」と答弁したのである。これを聞いた幣原は、英国世論が沸騰し収まらないだろうと心配になった。

ところが、あに図らんや、翌日の新聞は、各紙そろってグレイの答弁を賞賛しているではないか。さすがはグレイだ、これが英国の取り得る唯一の方針だ、という趣旨の記事が並んだのである。グレイの答弁もさることながら、幣原は英国メディアの成熟ぶりにも目を見張った。

先のブライスと同様、幣原は老練な大国の外政家グレイからも、外交活動の要訣と国益とは何なのかを想定して行動することの重要性を学んだ。同時に、そうした外交活動を支える背景として国民からの理解と支持が欠かせないことも、深く脳裏に刻んだのだった。

3　「対華二十一ヵ条要求」への批判

駐オランダ公使への転出と開戦通知

幣原は、一九一四年（大正三）六月、駐オランダ公使兼デンマーク公使への就任が決まった。あたかも、オーストリア皇帝継承第一位のフランツ・フェルディナントと大公妃がセルビア民族主義の一青年によって暗殺される、サラエボ事件が起きたときだった。この事件が発端となり、第一次世界大戦が勃発する。辞令を受けた幣原がハーグへ到着したのは七月一八日、まさに大戦勃発の直前だった。幣原は、「八月の砲声」をハーグで聞く。

特命全権公使となった幣原の責任は一段と高まった。特命全権公使は、外交使節として一国を代表する立場である。大使館を設置していないオランダとデンマークの間では、幣原は両国の外交交渉の最高責任者となった。

一国を代表する立場となった幣原に、開戦通知という重要な任務が舞い込んだ。日英同盟を根拠に日本がドイツに一九一四年八月二三日に宣戦布告することになるが、八月二〇日、幣原にドイツへの最後通牒の伝達が課されたのである。だが、幣原は伝達に失敗してしまう。

幣原は加藤高明外相から、最後通牒をハーグの公使館にも送るので密使を立ててそれを在ドイツ日本大使館まで届けるようにと命じられた。だが人選が滞ったことに加え、在ドイツ日本大使館に最後通牒が届いたとの報に接し、大戦ではオランダが中立国だったこともあって、幣原は密使の派遣を諦めてしまった。

大局的にみれば、対独宣戦布告の遺漏《いろう》なき完遂を目指した加藤外相が、念には念を入れて八つのルートを駆使して伝達を試みていたので、幣原の失敗によって事態が大きく混乱することはなかった。実際、駐ドイツ船越光之丞《ふなこしみつのじょう》代理大使の手許へ最初に届いた最後通牒は、本省から送信された加藤外相からの直通電報によるものだった。結果的に、幣原の拙《つたな》い対応も、事なきを得たといえる。

だが、船越は幣原の対応に不満だった。後年、「こんな時に人間の真価が判《わか》る」と厳しく批判している。同様に重光葵《しげみつまもる》も、このときの幣原の対応を淡泊だと評している（『重光葵外交回想録』）。

対独宣戦布告の伝達では成果を上げられなかった幣原だが、情報収集面では貢献した。オランダとデンマークは、それぞれドイツと接している。両国の世論や政策といった情報は、日本が対独戦争を遂行するうえで重要だった。さらに、敵国であるドイツ内外の情勢も調査して、その情報を本国に送り続けた。

対華二十一ヵ条要求への強い違和感

オランダ駐在時代の幣原が示した見識として重要なのは、「対華二十一ヵ条要求」問題への対応だろう。

対華二十一ヵ条要求とは、一九一五年一月一八日に日本が中華民国政府に対して発した、満蒙権益問題や在華日本人の条約上の法益保護問題に関する二十一ヵ条の要求と希望のことである。とりわけ、日本人の政治・財政・警察顧問の招聘《しょうへい》、日本の兵器受給などを要求した第五号の七ヵ条に世界の目が集まった。第五号は、当初秘密条項として交渉されたものの、それを中国側が暴露したという経緯もあって、耳目を集めたのである。最終的に日本側は第五号を除く計一三ヵ条を要求したが、中国側の反発は大きかった。

近代日本の外交政策として、おそらくもっとも酷評されたひとつである対華二十一ヵ条要求だが、当事者の加藤外相は、当初から何が何でも第五号を実現させようと考えていたわけではない。同時に加藤は、満蒙権益の租借延長を目論みつつも、それとの取引材料として明確な戦略を描けてはいなかった。第五号は、陸軍と世論に押され「希望条項」という曖昧《あいまい》なかたちで策定した代物だった（『対華二十一ヵ条要求とは何だったのか』）。形式的な外交主導にこだわった、加藤の戦略不足と思慮の欠如が招いた拙策だったといえる。

幣原は、本省からの対華二十一ヵ条要求の内報に接すると、幾日も沈思黙考を続けたという（『幣原喜重郎』）。正義と公正を重んじる幣原がその内容に違和感を覚え、日本の振る舞いとしてふさわしくないと認識したであろうことは容易に想像できる。同時に、義理の兄が中国政府に対して強硬な立場をあからさまに貫こうとしていることに、幣原は困惑し心を痛め、その沈思を一層深くしたといえよう。

幣原が下した結論は、明確な批判を示すことだった。加藤へ私信を宛てて、対華二十一ヵ条要求を中国に強制することに反対した。電報や公信といった外務省の公式な文書形式ではなく、あくまで私的な形式で意見を述べたところに、義兄を思いやる幣原の心情がうかがえる。

この一事は、幣原が後輩外交官から信頼されるきっかけにもなった。満洲事変勃発時の亜細亜局長だった谷正之《たにまさゆき》は、このとき領事官補として幣原のもとにあった。外交官として当時駆け出しだった谷は、対華二十一ヵ条要求が原因となって排日・反日運動が高揚したのを目の当たりにし、幣原の一大見識に打たれ、大いに感激・敬服したと回想している（『同前』）。

外務次官へ

一九一五年八月一八日、幣原は外務次官への就任を打診された。第二次大隈重信内閣が改造され、外相の加藤が外務省を去った。後任として白羽の矢が立ったのは、かねてより幣原が慕う石井菊次郎だった。

石井は仁川で幣原と出会って以来、幣原に深い信頼を寄せており、自らを補佐する外務次官に幣原の名を迷わず挙げた。特命全権公使としてハーグに着任して一年あまりしか経っていなかったが、幣原は欣然《きんぜん》これを承諾した。一〇月二九日、幣原は外務次官に就任する。

対華二十一ヵ条要求問題が原因となって悪化する日中関係を前に、次官としての幣原が期待されたのは、本来ならば日中関係の改善だった。しかし、世界が予期した以上に大戦は長期化し、中国との関係は硬直化したままであった。

次官として日本外交を支える役割が大きくなったのは、任期の最終盤である一九一八年から一九年にかけてである。第一次世界大戦が世界の勢力図を大きく塗り替え、東アジア地域にもその変化の波が押し寄せてきた。

第一次世界大戦は、ヨーロッパを没落させ、代わって新興国の米国を台頭させた。米国の台頭は、日本の満蒙権益に対する干渉政策となり、激しさを増して波及していった。幣原は、東アジア地域に生起する環境変動のうねりのなかで、米国による干渉政策という新たな課題に対処しながら、日本外交の舵取りを迫られることになった。　幣原は、大きな時代の転換と向き合うことを強いられたのである。

ウィルソン米国大統領の登場と幣原

英国は第一次世界大戦で勝利したものの、「日の沈まぬ帝国」として世界に君臨した昔日の面影を失ってしまった。パクス・ブリタニカの時代は、もはや過ぎさりし栄光に過ぎない。没落するヨーロッパに代わって台頭してきたのが、新興国の米国である。「モンロー主義」を掲げヨーロッパ政治への関与を長らく回避してきた米国だったが、一九世紀末にジョン・M・ヘイ国務長官が唱えた「門戸開放・機会均等」によって、外交方針を大きく転換させつつあった。

民主党から出馬した者としては二人目の米国大統領となったウッドロー・ウィルソンも、「門戸開放・機会均等」主義を継承した。しかしそれは、ジョン・ヘイ以来提唱されてきた主義を単に継承しただけではない。

ロシア革命（十月革命）を経て誕生した、いまだ得体のよく知れない社会主義国家ソ連は、大戦末期からいわゆる「革命外交」を展開し始めた。ウラジーミル・レーニン率いるソ連新政権は、ロシア帝国と各列国が締結した密約をことごとく暴露し、その継承拒否と無効を宣言していた（「平和に関する布告」）。

これが米国にとって脅威だった。当のアメリカは、モンロー主義の影響が続いていたこともあり、ソ連に暴かれるような密約は締結していなかった。米国が恐れたのは、革命外交が進展し、帝国主義に抑圧されていた中小国家や新独立国家がソ連を支持することだった。

そうした状況を打開すべくウィルソンが打ち出したのが、一九一八年一月の議会演説である。「平和のための一四ヵ条」（以下、「一四ヵ条」）と呼ばれるその演説は、従来の国際社会を「旧外交」としての「帝国主義的協調外交」と否定する、新しい理念や秩序観に満ちていた。帝国主義的協調外交とは、列国が植民地や勢力範囲を独自に設定しつつ、互いのそれらには干渉しないで、列国同士で協調し合う外交方式である。そこには、被支配・被占領者側への慮《おもんぱか》りは、当然ながらない。弱肉強食の論理が列国の行動規範やルールとなり、旧外交を支え、国際社会を支配していた。

W・ウィルソン（1856～1924）

国際政治学者の高坂正尭によれば、そうした国際社会は、同質性、貴族性、自立性を根底に据える「古典外交」が展開されたある種の社交場でもあった。同質の文化を持つ者が抗争し、交流する世界であり、交際の作法は貴族社会のそれに基づき、各国が相当の自立性を唱えた国際社会であったという（『古典外交の成熟と崩壊』）。

ところが、ウィルソンはそれを明確に否定した。「総力戦」たる第一次世界大戦を経験したいま、そのような貴族社会のルールは、過去の遺物にほかならなかった。世界は、「ウィルソン主義」と呼ばれる外交理念や新秩序構想を基にした「新外交」への対応を迫られる様相を帯びてくる。「一四ヵ条」のインパクトは絶大だった。

新時代の到来を大いに予感させたこの演説に、幣原がどのような思いで耳を傾けたのか、それをうかがわせる史料は残存していない。いったい幣原は、新しい世界秩序の構築を求める米国発のメッセージを、どう聞いたのだろうか。

それは、幣原がブライスから教わったような、米国の政治指導者が時折みせる一時的で極端な政策に過ぎないのだろうか。そうであるならば、しばらくすれば撤回されるような代物だろう。だが「一四ヵ条」は、米国一国の外交政策というよりも、未曽有《みぞう》の大戦争を経験した人類がその後の世界をどのように構想するのかという、世界観と秩序観に関わる哲学的な問いを含んでいた。

日本外交にとっても、そしてその舵取りを託された次官の幣原にとっても、これは大きな問いだった。幣原が学んだ小村外交は、英米との協調を基に満蒙の権益を確保することを主眼としていた。ウィルソンの「一四ヵ条」は、果たしてそれと整合するのか、あるいは対立するのか、さらにはそれとどう向き合うべきなのか……。幣原の新たな挑戦が始まる。

第3章　対英米協調路線の模索──「新外交」時代へ

1　欧米派と亜細亜派──政策派閥の成長

「新外交」のなかの外務次官

一般に、第一次世界大戦と第二次世界大戦の間の大戦間期は、転換期と称される。外交に限っていえば、「旧外交」から「新外交」への転換だと説明できる。

では、「新外交」とは何か。それは次の五点に整理できる。①外交の民主的統制（条約批准の際の議会承認）、②公開外交（すべての条約の国際連盟事務局への登録）、③民族自決権の承認（国際連盟による委任統治）、④集団的安全保障（国際連盟）、⑤国際協調主義外交、である（『旧外交の形成』）。

「新外交」は、国際環境が三つのレベルで変化したことによって可能になった。第一に外交理念の変化、第二に「世界を一大経済組織」とみなす相互依存的な国際経済秩序への移行、第三に戦争を違法化し、世界の安寧《あんねい》と平和的秩序を形成・維持しようとする、軍縮に基づく勢力均衡が図られたことである。幣原はのちの駐米大使時代、ワシントン会議の全権としてこうした秩序形成に貢献する。

ところで、次官時代の幣原のリーダーシップについて、次のような記述がある。

政治外交を運営する機構や組織は固《もと》より、その政治環境が大体叙上のような〔元老や臨時外交調査委員会が外交に大きく干渉していた〕状態であったから、外務次官たる幣原の如《ごと》きは、単に外交上の専門事項に関して所見を徴《ちょう》せられる以外は、大臣を通じて意見具申をする位が関の山で、日本の外交国策の樹立決定などには、殆《ほと》んど責任の無い地位に置かれ、その決定後、僅《わずか》にその内容を知らされる程度に過ぎなかったというのが偽らざるそのころの真相であった。

（『幣原喜重郎』）

次官時代の幣原は「殆んど責任の無い地位」にあったため、リーダーシップを発揮することはなかったというのである。幣原の次官時代は、一九一五年（大正四）一〇月から一九年九月までの約四年に及ぶ。本当にそうだったのだろうか。

結論を先取りすると、この指摘は正しくない。幣原は次官時代にこそリーダーシップを発揮した。いや、彼を取り巻く二つの環境がそれを可能にした。

ひとつは、前述した三つの要素からなる新たな国際環境である。公明正大をモットーとする幣原の外交観と手法が、これらにうまく適合した。

もうひとつは、外務省内の人的環境である。次官時代、幣原は下僚に恵まれた。それは、従来から指摘される佐分利貞男《さぶりさだお》（一八七九年生／一九〇五年第一四回試験合格）や出淵勝次《でぶちかつじ》（一八七八年生／一九〇二年第一一回試験合格）だけではなく、当時政務局第一課長だった小村欣一（一八八三年生／一九〇七年第一六回試験合格）の存在があったからである。

幣原と政務局

幣原にとって、政務局のスタッフから助力を得ることは、対中国政策を立案・遂行していくうえではむろんのこと、省内を主導していくうえでも不可欠だった。

なぜなら、幣原次官は「国際問題としての支那問題には精通していたけれども、〔中略〕自ら支那に在勤した経験もなければ、又支那自体に関する深い造詣《ぞうけい》もある訳でなかった」（『小幡酉吉《おばたゆうきち》』）からである。加えて、外務省意思決定過程の中枢だった政務局への勤務経験がないことも、その大きな理由だった。

幣原が次官に就任した一九一五年一〇月時点での政務局長は、幣原と同期入省の小池張造だったが、翌一六年一一月には小幡酉吉（一八七三年生／九八年第七回試験合格）に代わり、さらに一八年一〇月には埴原正直《はにはらまさなお》（一八七六年生／九八年第七回試験合格）に交代する。その小幡は「その頃外務省内部の仕事の進め方は各局とも課長中心主義で、大体のことは課長の下で一切の仕事を総括し、局長の同意を得るという風なやり口であった」(『同前』)と語る。小幡局長の下で対中国政策の立案を実質的に担っていたのが、ほかならぬ小村欣一だった。

小村は、「新外交」を省内でもっとも先鋭的かつ体系的に受容した一人だった(『大戦間期の対中国文化外交』)。ウィルソンの「一四ヵ条」を高く評価するあまり、満蒙権益への介入ともいえる米国の政策にも同調的で、積極的に応じようとする場面もあった。幣原はこうした小村をたしなめ、やや行きすぎた主張を修正するよう促すこともあったが、「新外交」への呼応策を模索する小村を、次官(幣原)―政務局長(小幡)―政務局第一課長(小村)という政策ラインの基盤に据え、政策立案に当たらせた。

国際連盟に冷ややかな目――「円卓会議」と「連盟派」

幣原は、小村のような「一四ヵ条」の信奉者ではなかった。そのため「一四ヵ条」末尾に掲げられた国際連盟(以下、連盟)の創設についても、連盟の普遍主義的な価値を重視する小村のように鋭敏には反応しなかった。幣原は、実のところ普遍主義を活動原理に据える国際連盟に対し冷淡だった。高く評価するどころか、むしろ否定的な見解を示していた。

第一その名称からどう日本訳を付けてよいのか判らず、結局、武者小路《むしゃこうじ》課長〔武者小路公共《きんとも》欧米局第一課長）が「国際連盟」としてはどうかなどといっていた位である。そうすると、幣原次官も「このような大円卓会議が出来て、各国代表がいならぶ中に幣原ごときが妙な顔をして下手な言葉で議論でもやったら損をするに決まっている。利害関係国相互の直接交渉によらず、こんな円卓会議で我が運命を決せられるのは迷惑至極だ。本条項は成るべく成立させたくないが、どうもこういうものは採用されがちだから、大勢順応の外《ほか》ないだろうが充分に研究してかからねばならぬ」と大いに慎重ぶりを発揮し、至急これが調査研究をせよと命ぜられたのであった。（『幣原喜重郎』）

幣原は、連盟を「円卓会議」と評し、距離を保とうとした。ここから、多国間協調よりも従来型の二国間協調を重視する幣原の外交姿勢がうかがえる。幣原が多国間協調の重要性を理解するようになるのは、のちに駐米大使に転じ、ワシントン会議に出席するときまで待たねばならない。その点で小村は幣原より勝っていたといえるし、逆に幣原は劣っていたともいえる。

小村の見立てどおり、連盟の普遍的価値は、のちの一九二八年（昭和三）八月にパリで「戦争抛棄《ほうき》に関する条約」（以下、「不戦条約」）が締結されて一層高まっていった。この条約の締結によって、「戦争違法化」という普遍的な価値に即して、連盟の安全保障面での理念や制度が解釈されることになる。

さらに、外務省内で形成された「連盟派」という政策派閥と比較してみるとき、幣原の政策的位置や外交姿勢が相対的に浮かび上がる。連盟派については、近年その存在が見出され、政策派閥の形成過程や外交政策立案・施行過程上の位置について、深められてきた（『芦田《あしだ》均《ひとし》と日本外交』）。彼らは、本省にあっては主に条約局に、在外にあっては国際連盟事務局に勤務するというキャリア形成を特徴とし、政務局の流れを汲む亜細亜局や欧米局といった地域局に籍を置いた主流とは一線を画す傍流として捉えられている。

政策的には連盟との協調や国際主義（「普遍主義」）の受容を志向したが、連盟帝国事務局長や次長、さらに条約局長といったポストは、省内の最高幹部である外務次官をねらえるようなポストではなかったという。だとすると、主流を歩んできた幣原とは、なかなか交わらない集団である。

実は、「円卓会議」と称して国際連盟と距離を置き、政策派閥としての連盟派と交わることの少なかった幣原のキャリア形成のあり方が、のちの満洲事変への対応時に弊害として現れてくる。皮肉にも主流であり続けたことが裏目に出たのである。これは、従来しばしば指摘されてきた、亜細亜派と欧米派という政策派閥間での競合や対立よりも、はるかに深刻で重大な問題だった（第5章参照）。

亜細亜派と幣原

その亜細亜派が誕生するきっかけは、一九一九年一月からパリで開かれた講和会議にあった。日本は、山東半島の利権継承問題をめぐって中国側が展開する宣伝活動に対して守勢にまわり、五大国の地位にありながら多くの重要懸案事項に消極的な態度で臨んだことにより、「サイレント・パートナー」という不名誉な称号を頂戴してしまう。

随員として会議に参加した当時二等書記官クラスの若手外交官たちは、これにいたく失望した。全権団に随行した当時三〇代半ばだった有田八郎《ありたはちろう》は、次のように述べている。

講和会議に出席する以上、全権団として相当な準備をして行かなければならなかったのだが、実のところなかなかそうではなかったようだ。〔中略〕こうした情報不足は何に原因しているか、こうした準備不足はどうして起こったかということについて、随員中の若手が疑問を起こし不平を持つに至ったのは当然だ。

（『馬鹿八と人は言う』）

パリで苦い体験を味わった若手外交官たちは、帰国後に革新同志会を結成し、四六人の連名からなる趣意書を内田康哉《うちだやすや》外務大臣へ提出した。二三にわたる各項からは、外務省をハード・ソフト両面から改革しようとの意図がうかがえる。なかには、政務局の亜細亜局・欧米局への分局化（一九二〇年）や情報部の設置（一九二一年）、『外務省公表集』の創刊（一九二二年）といった、その後の機構改革や新規事業として実現した項もある。

革新同志会の中心メンバーには、有田八郎（一八八四年生／一九〇九年第一八回試験合格）、重光葵（一八八七年生／一九一一年第二〇回試験合格）などがいた。彼らは、アメリカやヨーロッパに在勤する一方、亜細亜局に長く勤務するというキャリア形成を経て、やがて政策派閥としての亜細亜派として存在感を増していった。

革新同志会結成当初は、外務省の組織改革を訴えていた彼らだったが、亜細亜局勤務を通じて、亜細亜局内で醸成されていった政策理念、すなわち地理的・歴史的な特殊性を根拠に満蒙権益を最大限に活用しようとする地域主義を次第に身につけていき、一九二〇年代後半からそうした主義を政策立案の基盤に置くようになる。

これに対し、同じ革新同志会のメンバーでありながら、永井松三《ながいまつぞう》（一八七七年生／一九〇二年第一一回試験合格）、佐分利、斎藤良衛《さいとうよしえ》（一八八〇年生／一九一〇年第一九回試験合格）らは、いわゆる欧米派に属するとされる。幣原は、この欧米派のリーダー的存在とみなされていた。

重要なのは、欧米派と称された彼らがアメリカやヨーロッパに海外勤務する傾向がある一方、本省では欧米局ではなく通商局に多く勤務した点である。実際、永井も佐分利も、通商局に勤務したものの、欧米局に在籍した実績はない。斎藤による欧米局第三課勤務にしても、その期間は一年余りに過ぎない。これは、従来指摘されてこなかったが、重要な事実である。幣原と政策的に近い出淵も欧米派とされるが、政務局第一課長、亜細亜局長を歴任している。

欧米派と考えられてきた彼ら四者は、その呼称とは裏腹に地域局としての欧米局勤務経験

表１　亜細亜派と欧米派の主要人員

亜細亜派		欧米派（幣原派）	
名前	主なキャリア	名前	主なキャリア
*木村鋭市／17	政１長→亜１長→亜長	*出淵勝次／11	政１長→亜長→次官
有田八郎／18	政１→亜長→墺公→次官	佐分利貞男／14	米大１→通長→条長
重光　葵／20	参事官→条１長→中公→次官→大臣	川島信太郎／16	条１長→通２長→通総長
		*松島　肇／16	通１→通１長→欧長
谷　正之／22	亜１長→亜長→次官→情報局総裁	沢田節蔵／17	政１→亜１→米大参
		斎藤良衛／19	通１→欧３→通長
*守島伍郎／高文	政２→亜１→亜１長	*堀内干城／27	通１→中書→東長→中公

註記：①*は革新同志会メンバー以外であること示す。数字は外交官及領事官試験の合格回、「高文」は高等文官試験合格をそれぞれ示す。②略した職位は以下の例のようになる。政１…政務局第１課／政１長…同第１課長／亜１…亜細亜局第１課／亜１長…同第１課長／亜長…亜細亜局長／東長…東亜局長／欧３…欧米局第３課／通１…通商局第１課／通１長…同第１課長／通総長…通商局総務課長／条１長…条約局第１課長／条長…条約局長／米大１…米国大使館１等書記官／米大参…米国大使館参事官／墺公…駐オーストリア公使／中書…中国公使館書記官／中公…駐中国公使。③いわゆる「外務省革新派」と呼ばれる集団は行動様式や行動原理が亜細亜派とは異なるので掲載していない。詳細は、戸部良一『外務省革新派』（中公新書、2010年）を参照いただきたい。

がほとんどない。これが亜細亜派の台頭を許す要因のひとつとなり、のちの北京関税特別会議での組織的対応に大きな意味を持った（第4章参照）。

亜細亜局の設置

一九二〇年一〇月、のちの幣原外交のあり方にも大きな影響を与える、重要な機構改革が省内でなされた。一八九一年（明治二四）の創設以来、約三〇年の長きにわたって外務省の中枢であった政務局が解体され、亜細亜局と欧米局に分化したのである。

この機構改革に先だって、多くの要望や意見が省内から寄せられていた。なかでも重要なのは、中国に対する日本の経済政策には、通商事務と投資とがあり、投資を最重視すべきという指摘である（岡部長景意見書、外務省記録6.1.2.13第五巻）。亜細亜局とりわけ第二課は、その投資を担う部署として設定された。

こうした意図で設置された亜細亜局は、やがてその存在感を増していく。のちに第一次幣原外交を通商局第三課長の立場から支える石射《いしい》猪《い》太郎《たろう》（一八八七年生／一九一五年第二四回試験合格）は、「亜細亜局モンロー主義」なる言説がその頃の省内に広まっていたと指摘している。

外務省では、絶えず中国問題に悩む亜細亜局が、最も際立った存在を示し、木村（鋭

表2　政務局から亜細亜局への改編（1920年10月23日公布同日施行）

政務局	→
〈第一課〉 中国、香港、マカオ及タイ国に関する外交政務に関する事項。政治上の条約及協定の締結改正に関する事項。軍隊及軍艦に関する事項	**亜細亜局** 〈第一課〉 中国、香港、マカオ、タイ国に関する一般外交政策に関する事項及政治上の条約及協定の締結改正に関する事項。軍事に関する事項 〈第二課〉 上記地域に関する財政、借款、合弁事業、鉄道、鉱山及通信に関する事項 上記地域に関する居留民の保護取締に関する事項 〈第三課〉 満州及蒙古に関する地方的事務
〈第二課〉 ヨーロッパ、ヨーロッパ諸国の属領、植民地、海外領土、その隣接地方に関する外交政務に関する事項。政治上の条約及協定の締結改正に関する事項。軍隊及軍艦に関する事項 〈第三課〉 南北アメリカ諸国、北米合衆国の海外領土に関する外交政務に関する事項。政治上の条約及協定の締結改正に関する事項。軍隊及軍艦に関する事項	**欧米局** 〈第一課〉 ロシアに関する一般外交政策に関する事項。政治上の条約及協定の締結改正に関する事項。軍事に関する事項。シベリアに関する財政、借款、合弁事業、鉄道、鉱山、通信に関する事項。シベリアに関する居留民の保護取締に関する事項 〈第二課〉 ロシア以外のヨーロッパ諸国その他属領、植民地、海外領土、隣接地方、アフリカに関する一般外交政策に関する事項。政治上の条約、協定の締結改正に関する事項。軍事に関する事項 〈第三課〉 南北アメリカ諸国、北米合衆国の海外領土に関する上記事務

出典：『外務省機構変遷図』（外務大臣官房総務参事官室、1971年）を基に筆者作成

市〕局長と、その下の谷〔正之〕第一課長が、華々しく活躍していた。

その頃から亜細亜局モンロー主義の声が聞こえ出した。ある種の閥《ばつ》で亜細亜局を固め、閥外者には亜細亜局入りをさせない、亜細亜局員が海外に転出する時はよい任地をあてがう、怪《け》しからんという非難であった。果たしてそんな派閥的な人事が存在したのかどうか、私は一向無関心であったが、他の局課ではそうした非難が専らであった。

（『外交官の一生』）

亜細亜局中心主義というべき価値観が、一九二〇年代初頭の外務省内で形成されつつあった。後述するようにそれは、亜細亜派の存在とともに、のちの幣原外交の足枷《あしかせ》になっていく。

2 外務次官の力量――リーダーシップの発揮

新四国借款団の提案――米国の巻き返し策

次官時代の幣原がリーダーシップを発揮して省内の見解をまとめ上げた事例に、新四国借款団設置問題への対応が挙げられる。

新四国借款団とは、英・米・日・仏の四国の銀行団が一九二〇年（大正九）一〇月に結成した、対中国投資団のことである。結成のきっかけは、米国政府が一九一八年七月一〇日付で、日・英・仏三ヵ国宛に発議した提案だった。前身の四国借款団（英・米・仏・独、一九一一年成立）、六国借款団（英・米・仏・独・日・露、一九一二年成立）は、いずれも具体的な成果を上げられずそのまま立ち消えになっていた。それゆえ再々結成を持ちかける米国は意気込み、その提案のなかで、各列国が中国政府と取り交わしてきた従来の実業借款やオプション（仮契約）に伴う「優先権」を解消すること、解消されたそれら優先権は新借款団の共同事業範囲に含まれるべきことを主張していた（以下、「米国案」）。

　帝国主義的協調外交によって「勢力範囲」を設定しそれを互いに承認してきた列国にしてみれば、「米国案」は既存の秩序を揺るがす新たな外交方式の提案であり、衝撃をもって受け止められた。満蒙地域の権益を確保してきた日本にとっても、少なからぬショッキングな提案だった。

　それは、東アジア社会への介入機会を逸してきた米国による巻き返し策でもあった。米国は「モンロー主義」による孤立政策を大きく転換し、中国市場への介入に乗り出したのである。その背景には、大戦中の日本の中国に対する進出策、いわゆる「西原《にしはら》借款」や「対華二十一ヵ条要求」などへの、米国なりの危機意識があった。

　時の日本は、立憲政友会を基盤とする原敬内閣だった。大戦後に米国が中国市場へ進出してくると日本単独では対抗できないと認識した原は、「米国案」へ原則として同意することを表明した。ただし、次の一点が懸案事項として残された。それは、日本の満蒙権益まで共同事業範囲に含まれるのか、それとも日本の特殊権益として認められるかだった。

外交の戦術として、二つの方法が検討された。ひとつは、「概括除外」、もうひとつは「列挙主義」である。前者は、満蒙地域全体を日本の既得権益として主張し、他国による満蒙権益への関与を認めないという考え方に基づく。後者は、満蒙権益の中身をひとつずつ列挙して、日本の正当性や優先権についての承認を個別に得ていく方法だった。

日本政府としては、むろん前者での解決を期待したが、英米両国はそれを簡単には認めようとしなかった。日本政府は、まず前者による折衝を試み、英米両国の反応をみながら次善の策として後者を選択するという、段階的な戦術を採用していく。

対照的な二つの見解

外務次官の立場から原敬内閣を支える幣原は、満蒙権益の確保を至上命題と捉えた。幣原は、門戸開放・機会均等の原則のもとで、自由主義的な経済活動を推進する重要性についてはむろん理解していたが、その原則を満蒙地域に当てはめることには反対した。満蒙権益はあくまで日本の正当なる権利と理解していた。

ところが幣原が評価していた小村欣一は、幣原とは正反対の見解を主張した。小村は、満蒙地域にも門戸開放・機会均等の原則を適用させ、満鉄を除いた満蒙権益を新四国借款団に供出するよう提唱したのである（以下、「満蒙供出論」）。小村は、思い切った開放路線に基づき、独自の対応策を唱えていた。むろんそれには目算があった。小村は、満蒙の供出により米国との資本的提携を実現させ、満蒙以外の中国本土への経済的進出、とりわけ鉄道への投資を拡大しようと考えていた（「大戦間期外務省の情報管理と意思決定」）。

幣原の外交指導

小村による「満蒙供出論」という先鋭的な提案に接した幣原は、次官としてのリーダーシップを発揮できたのか。

その点を考えるのに、興味深い史料がある。一九一九年六月一六日に内田外相より駐仏大使の松井慶四郎に宛てられた電報への幣原の書き込みである。この電報は、借款団が決議した借款内容についての確認を命じたもので、小村が起案し、埴原正直政務局長が閲覧したのち、幣原次官が決裁したものである。その第一面の欄外に、幣原は次のように書き込んでいた。

> 之《これ》にて質疑は打切り、あとは我方にて相当論拠ある解釈を一定し置くことと致度《いたしたし》（右に付ては米国提案英国案等の精神解釈参考となるべし）。（外務省記録 1.7.1.23 第三巻）

幣原は、借款団による決議内容の確認も重要だが、それよりも日本としての「相当論拠ある解釈を一定」させることに精力を振り向けるべきだと提言している。要は、満蒙権益を新借款団に供出することなく、日本の正当な権利だと英米両国から認めてもらえるよう、その権益の確定と根拠を固めておく必要性を唱えていた。

それには、日本の満蒙権益が諸外国から条約や取極によって確実に保証されたものではなく、大戦中の妥協の産物に過ぎないという深刻な事情が関わっていた。

幣原の提言を受け、「満蒙に於《お》ける条約上の権利保留の結果に就《つい》て」（外務省記録 1.7.1.23 第四巻）というリストが作られた。作成者は小村だった。そこには、「我方にて相当論拠ある解釈」に適《かな》う利権として保留されるべきものと、逆に論拠が乏しく権利として主張しづらいものが列挙されている。

注目すべきは、リスト作成に当たって幣原が、利権の一点一点を精査し利権ごとにその正当性を主張することが重要になると判断したことである。それは、日本にとっての満蒙権益がいかに特殊でかつ重要であるかを単に説くのではなく、「精神解釈参考となるべし」とあるように、英米両国とりわけ米国が構想する共同事業範囲との整合性を図ることを何よりも重視していた。

幣原はこの訓令を境にして、「概括除外」を諦め、「列挙主義」を交渉方針の根幹に据え、その準備を省内で密かに開始する。幣原が小村に作成を命じたリストは「列挙主義」に基づいて満蒙除外を要求する、翌一九二〇年一月一三日閣議決定へと繋がっていく。

幣原が主導したこの転換は、ウィルソン「一四ヵ条」に対する小村の信奉的な態度を次第に緩和させることに繋がった。とくに、英米両国の精神を解釈するという幣原の外交論は、小村に満蒙権益を供出するという自説を撤回させ、「列挙主義」のもとで英米と交渉し、日本の権利としての正当性を一件ずつ訴えることの重要性を理解させていった。

幣原は、次官としてのリーダーシップを発揮し、「列挙主義」の方法で日本の権益を確保するための基盤を整えたのである。

外交調査会のコントロール

では、小村の先鋭的な主張を軌道修正させ、省内での見解を「列挙主義」路線に導いた幣原のリーダーシップは、その後どのように政府内で活かされたのだろうか。

一九一九年八月一四日、「概括除外」を旨とする閣議決定が行われた。ところがこの決定に対し、英国が満蒙除外主張を撤回するようにと、長文の覚書を送ってきた。日本政府にとって「概括除外」に見切りをつけ、「列挙主義」へ転換せねばならない状況が迫りつつあった。

このときの外務省は、英米両国以外の厄介《やっかい》な国内の存在との折衝に臨まねばならなかった。それは、臨時外交調査委員会（以下、外交調査会）だった。天皇に直属した外交に関する調査・審議機関である。

外交調査会は、国論を統一し外交を政争の具の外に置くことを名目として、寺内正毅内閣によって一九一七年六月に設置された。総裁に寺内首相を据え、委員に外相（本野一郎《もとのいちろう》）、内相（後藤新平《ごとうしんぺい》）、海相（加藤友三郎《かとうともさぶろう》）、陸相（大島健一《おおしまけんいち》）、枢密顧問官（牧野伸顕《まきののぶあき》、平田東助、伊東巳代治《いとうみよじ》）、政友会総裁（原敬）、国民党総裁（犬養毅《いぬかいつよし》）が連なる陣容だった。ちなみに憲政会総裁の加藤高明は、委員就任を拒否したので参加していない。

外交調査会は、外交一元化を阻害する点で、外務省にとってみれば目の上のこぶのような存在だった。なかでも外交調査会の中心メンバーである伊東巳代治は、とくに厄介だった。調査会の開かれる前の晩になると、決まって次官の幣原を私邸に呼びつけて外交経過を聞き出しそれをノートにまとめ、翌日そのノートを持参して持論も混ぜながら議論することを常としていた。伊東は外交調査会のご意見番よろしく鎮座していた。

外交調査会は新四国借款団問題も審議事項として、「概括除外」「列挙主義」のどちらを選択すべきかについても議論する。この過程で幣原が苦労したのが、やはり伊東への対応だった。満蒙権益の絶対的死守を高唱する伊東は、「概括除外」を主張し、「列挙主義」による交渉を頑として認めなかったからだ。

幣原は、外交調査会へ回付する文書数を漸減させ、外交情報の提供を控えることを試みる（「大戦間期外務省の情報管理と意思決定」）。写真にあるように、外交文書の左端の余白には、電報の回付先が書き込まれている。この場合、「枢総陸海蔵参軍老伊」と判読できる。これ

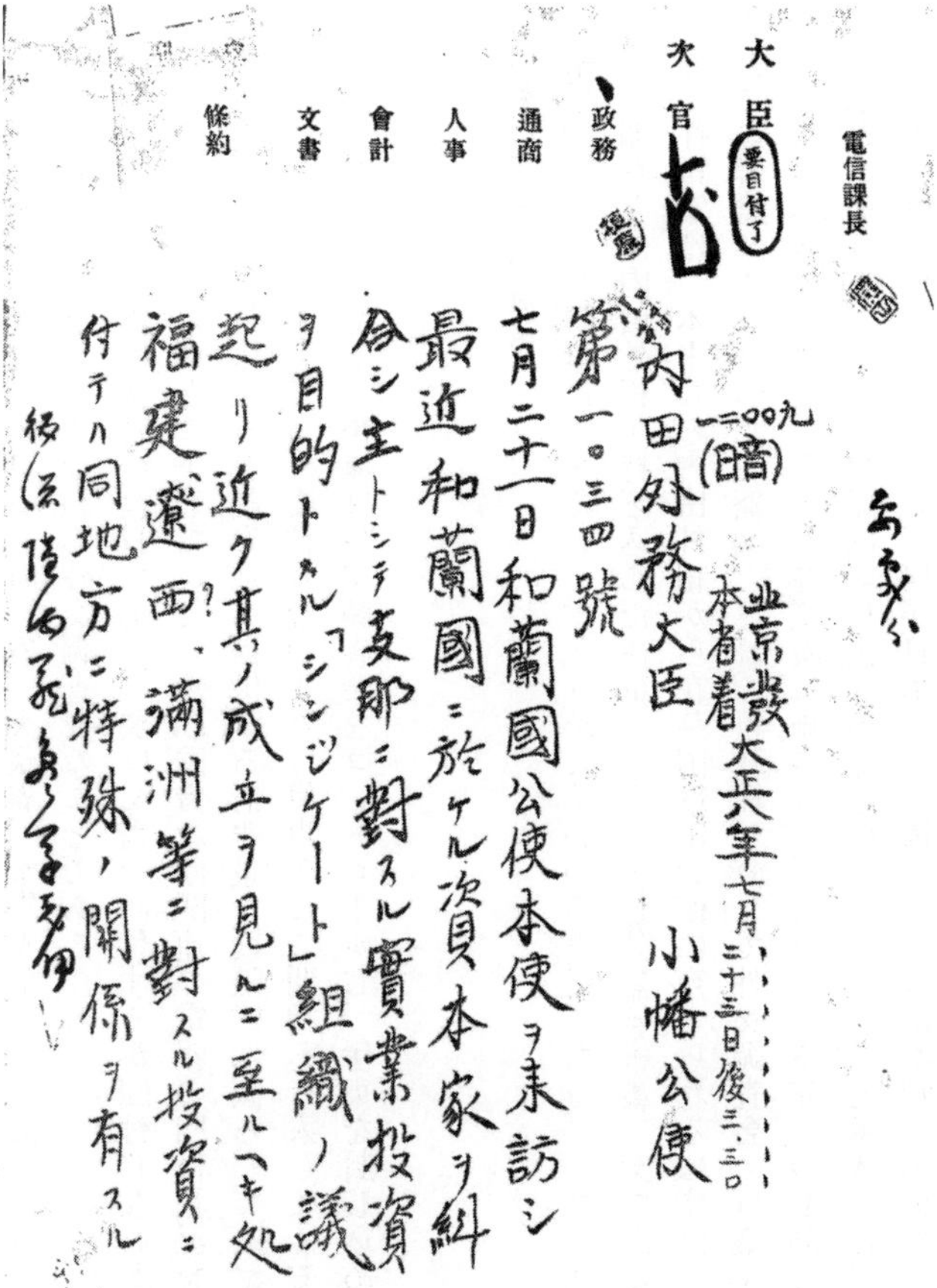

電信課長
大臣
次官
政務
通商
人事
會計
文書
條約
要目付了
内田外務大臣
一二〇〇九
(暗)
北京發
本省着
大正八年七月二十三日後三、三〇
小幡公使
第一〇三四號
七月二十一日和蘭國公使本使ヲ来訪シ
最近和蘭國ニ於ケル資本家ヲ糾
合シ主トシテ支那ニ對スル實業投資
ヲ目的トスル「シンジケート」組織ノ議
起リ近ク其ノ成立ヲ見ルニ至ルヘキ処
福建、遼西?、満洲等ニ對スル投資ニ
付テハ同地方ニ特殊ノ關係ヲ有スル
MT
171 23
2133

「枢総陸海蔵参軍老伊」と左端に書き込まれた電報の回覧先（外務省記録1.7.1.23「対支新借款団関係」第1巻所収）

は順に、枢密院、総理、陸軍省、海軍省、大蔵省、参謀本部、軍令部、元老、伊東巳代治を意味しており、伊東とはすなわち外交調査会のことである。

これを書き込むのは次官の役目であり、要は文書を回付するか回付しないかの判断は、このとき幣原が一文書ごとに下していた。新四国借款団関連の電報の回付状況を網羅的・悉皆《しっかい》的に調査すると、幣原が外交調査会へ提供する情報量を段階的に減らしていたことがわかる。幣原はこの方法によって、外交調査会つまりは伊東がこの問題へ介入してくる機会を減らそうと画策したのである。幣原は外交調査会をコントロールし、伊東を封じ込めようと試みていた（「同前」）。

伊東巳代治への対策

結果的に、その試みはうまくいく。それがよくわかる史料がある。一九一九年八月一五日の外交調査会に内田外相が持ち込んだ往電（本省から在外公館宛電報）案である。

この往電案は、本来なら内田外相から在英国珍田大使に宛てられるはずだったが、外交調査会での審議によりいったん廃案とされ、再度練り直して外交調査会に付議することになった。注目すべきは、廃案となった往電案に施された、幣原による修正の痕跡である。

結論からいうと、そこに幣原は「自由なる認定権」という文言を挿入した。幣原は、諸外国が中国に供与する借款のうち、何が日本の特殊権利や利益に不利な影響をもたらすか否かについて、日本が個別のケースに照らして独自に判断する「自由なる認定権」を留保する、という刺激的な言葉を加筆したのである。聞き慣れない文言であり、他国との協議や協調を重視することなく、認定行為を権利として求めるというきわめて強硬な意見である。ほかの構成国とりわけ英米両国からの反発が予想された。

強硬路線ともいえるこの文言の加筆には伏線があった。これに先立つこと一週間前、八月七日の外交調査会の席上で内田外相が「甲案」（列挙主義案）「乙案」（概括除外案）両案を披《ひ》瀝《れき》した際、伊東巳代治は、「甲案」を厳しく批判した。満蒙の「概括除外」か、完全な撤回かの二者択一を迫った伊東にしてみれば、「列挙主義」は受け入れがたい案だった。

「列挙主義」でなければ英米両国を説得できないとみていた幣原にしてみれば、「概括除外」にこだわる伊東に何としてでも「列挙主義」による交渉を認めさせる必要があった。そこで「列挙主義」に伊東が賛同しやすいよう機転を利かせ、安心材料として「自由なる認定権」という奇抜な文言を挿入したのである。

果たして、幣原のこの機転が奏功した。幣原は、外務省にとって厄介な伊東をうまく封じ込めて、「列挙主義」への方針転換を訓令レベルで成し遂げる。

幣原にしてみれば、この問題で日本の利益を最大化することは、あからさまな「概括除外」方針を日本政府の見解として在外公館へ発信することではない。伊東を周到に排除して外交調査会による外交への介入を退けることは、国益追求の責務を担う次官という重要な立場にある者として当然の対応だった。原敬の主導というのが定説だが、実はそうではない。幣原は日本にとっての利益を最大化するために、新四国借款団への対応という重要な局面でリーダーシップを発揮し、省内をまとめ上げる（「大戦間期外務省の情報管理と意思決定」）。

関東庁・関東軍分離問題

次官時代の幣原は、関東都督府官制の改革でもリーダーシップを発揮した。関東都督府とは、一九〇六年（明治三九）八月から一九年四月まで設置されていた、関東州、南満洲鉄道付属地の行政機関である。満鉄業務の監督、満鉄付属地の警察権も掌握した。

幣原はかねてより、軍部が関東都督の権限を利用し、その権限下に満洲での外交権を一元化しようと画策していることに、反感を抱いていた。とりわけ幣原が神経をとがらせていたのが、満蒙地域の警察権をめぐる外務省と軍部との対立だった。

都督府には民生部と陸軍部が設置されており、そのうち民生部は外務大臣の監督下、一般行政、司法行政に関する一切の政務を統轄し、庶務、警務、財務、土木の四課と監獄署を置いていた。外務大臣の監督下にあるとはいえ、都督府の民生部は多くの権限を持ち、満洲統治で外務省と対立していた。

陸軍はこうした体制維持を図り、満洲経営でのイニシアティブを握ろうとしていた。たとえば陸軍出身で首相の任にあった寺内正毅は、一九一七年八月末の講演で、警察制度の統一について次のように語っていた。

行政機関を統一すると同時に警察制度の統一を期待することは、自然の要求なり。由来、普通警察と憲兵警察とは相両立して別個の活動を為し、以《もっ》て同一の治安に任じ来れり。加之《しかのみならず》満洲特殊の情勢は以上両警察の一致提携を一層痛切に感知するものあり。是《こ》れ今回警察制度を改善したる所以《ゆえん》に外《ほか》ならず。

（「寺内総理大臣口演」外務省記録 1.5.3.20 第一巻）

この講演から約一年が経過した一九一八年七月末に、官制改革案が法制局より外務省にもたらされた。その内容には、満蒙地域の朝鮮人の保護取締を都督府が担う条項が含まれていた。外務省にしてみれば、保護取締は警察事項に属し、満蒙地域の日本人（韓国併合後なので法規的には朝鮮人も日本人として扱われる）に対する警察業務は、外交官である領事官の所掌事項だった。外務省は、当然ながら、その案には賛成できなかった。

幣原は、この事態に素早く対応し、政務局第一課長の小村欣一に官制案の作成を依頼した。幣原の依頼を受けた小村は、一二月までに三つの「南満洲に於ける行政組織改正案」を完成させ、さらに三案に関する「南満洲に於ける行政組織改正案要旨」（以下、「要旨」）という、B4判外務省罫紙《けいし》七枚に及ぶ文書もしたためた（外務省記録 1.5.3.20 第二巻）。

その内容は、幣原の指示によって書かれたものだけあって、中国はもとより英米を中心とする国際社会からも受け入れられるものだった。政務局長の小幡もこの点に共感したようで、その第一面に「是非《ぜひ》共《とも》成功致度《いたしたし》」というコメントを書き残している。

このような理解とコンセンサスを得て、三つの改正案と「要旨」は、幣原（次官）―小幡（政務局長）―小村（政務局第一課長）というラインで了解され、外務省の意思として決定する。それは幣原が主導した外務省としての挽回策だった。

翌一九一九年四月、関東都督府官制が改正され、軍・民分離が図られた。これが日本初の本格的な政党内閣である原敬内閣のもとで達成されたこともあってか、軍・民分離の官制改革の成功は原敬の功績とされる。たしかに、原が田中義一《たなかぎいち》陸相と通じて政府内で調整を図り官制改革を成功に導いたことは、重要な歴史的事象に違いない。

だが、陸軍主導の官制改革が進められることに危機感を募らせた幣原は、いままで見てきたように、原の組閣以前から外務省内で小村と連繫しながら検討を始め、外務省としての挽回策を練り上げていった。原の意向や指示を受けてのことではない。最終的にそれは、原敬の容《い》れるところとなり、関東都督府官制改革として実現した。幣原主導の外務省としての見事な立案だった。

その眼目は、陸軍の影響下にある都督府民生部を解体し、警察権と司法権を文官である関東庁長官の下に帰属させることにあった。原内閣によって官制改革が無事に達成されたのは、むろん原の政治指導による面が大きいが、幣原が外務次官としてリーダーシップを発揮し、政務局第一課長の小村と二人三脚で事に当たったことが、その基層にあったのである（「南満洲行政統一問題と外務次官幣原喜重郎」）。

3　ワシントン体制の構築――首席全権として

駐米大使へ就任――原敬からの信頼獲得

新四国借款団設立問題や関東都督府の官制改革問題で、幣原が優れたリーダーシップを発揮したのは間違いない。

ことに新四国借款団設立問題では、外務省にとって目の上のこぶだった外交調査会への外交文書回付を幣原の判断で段階的に減らし、彼らの力を削いだ（「大戦間期外務省の情報管理と意思決定」）。伊東の掣肘《せいちゅう》を幣原が周到に排除できたのも、そうした積み重ねが機能したからだった。手間を惜しまず外務省としての意思を達成する、見事な手綱さばきだった。これには外相の内田康哉も、すっかり影を薄くした。

そのことは同時に、原が幣原を信頼していくうえで大きな意味を持った。幣原が次官に就任した頃、原は幣原を警戒していた（『原敬日記』一九一七年七月三一日条）。加藤高明の義弟として三菱に連なるし、その加藤は、政治的にものちの政友会のライバル政党である憲政会の党首になる人物である。

だが、幣原がシベリア出兵に反対したことや次官就任後に対米協調路線にあったこと、何より不偏不党の姿勢と立場を貫く幣原の執務ぶりが、そうした関係性を超えて、原からの信頼を勝ち取ることに繋がった。その信頼の表れが、幣原の駐米大使就任である。この人事には原の意向が大きく関わっていた（『幣原喜重郎』）。

この時代、駐米大使に就くことは、ある意味、出世階段をほぼ上り詰めたことを意味した。駐米大使の上位ポストとして残るは、駐英大使と外相のみである。四七歳での着任だった。

一九一九年（大正八）一〇月一三日、幣原は家族とともに横浜を発《た》ち、一一月一日に首都ワシントンに到着した。大使に就任した幣原は、すぐさまヤップ島問題（ミクロネシア連邦にある同島の日本による委任統治問題）、写真結婚による日本婦人の米国渡航禁止を含む排日問題、シベリア撤兵問題などに取り組んだ。

このタイミングで駐米大使に就任することには大きな意味がある。当時、日米間にはこのようにいくつもの懸案があり、大使はその対応・交渉能力を大きく問われていた。前任者の石井菊次郎は、その点について原や内田からさほど評価されず、日米関係を十分に調整できていないと判断され、更迭されたのである。原と内田は、石井よりも幣原の大使としての能力を高く買ったのだ。

たしかに幣原は、その点で能力を十分に持ち合わせていた。興味深いエピソードがある。

ワシントン時代の下僚である石射猪太郎は、当時の書記官仲間で先輩を品評するのに、外交官としての力量を十分に持ち外国語に達している者を「鬼に金棒」、力量はあるが外国語に拙《つたな》い者を「金棒を持たぬ鬼」、外国語以外に取り柄のない者を「鬼の留守な金棒」と評していたという（『外交官の一生』）。その石射は、幣原こそが「鬼に金棒」と評するのにふさわしいと述べている。身近な部下からも、幣原は厚い信頼を寄せられていた。

その頃の在米日本大使館は、ワシントンＬ街の一三一〇番地にあった。ホワイトハウスから四ブロックほど北に位置し、立地としては申し分なかったが、実のところ個人の住宅を借りた「実に惨憺《さんたん》たるボロ事務所」（『幣原喜重郎』）で、近くには淫売宿《いんばいやど》まであり、大使公邸もみすぼらしかったという。

反面、スタッフは充実していた。大使館ナンバー・ツーとして参事官に出淵勝次がおり、広田弘毅、佐分利貞男の二人の一等書記官に続いて、白鳥敏夫《しらとりとしお》をはじめとする四人の三等書記官、ほかに二人の外交官補と二人の書記生、さらには陸海軍武官が各一名ずつという、当時他の大使館と比較しても大所帯だった。しかも翌一九二〇年一月には、前述の石射猪太郎も三等書記官として加わる。幣原は彼らを従えて、山積する懸案に取り組んでいく。

ワシントン会議への参加――首席全権として

大使としての大仕事は、帰任直前に控えていた。ワシントン会議である。

加藤友三郎（1861～1923）

ワシントン会議とは、一九二一年一一月から翌年二月にかけてワシントンで開催された、海軍軍縮、極東問題、太平洋問題に関する国際会議のことである。開催を提唱したのは、米国大統領のウォレン・ハーディング。日本のほか、米国、英国、フランス、イタリア、中国など九ヵ国が参加した。この会議では、前述の三つの問題それぞれにつき、海軍の主力艦保有量を制限した五ヵ国条約、中国の主権尊重、門戸開放・機会均等を約束した九ヵ国条約、太平洋地域の平和に関する四ヵ国条約が締結される。

ワシントン会議は、幣原が外政家として国際社会に本格的にデビューする場となった。幣原は、そこで首席全権のひとりとして、活躍の場を得る。幣原以外の首席全権は、加藤友三郎（海相）、徳川家達（貴族院議長）、埴原正直（外務次官）という陣容だった。欧米派に連なり、当時の通商局に勤務し中国との経済関係を担当していた堀内干城（一八八九年生／一九一八年第二七回試験合格）は、この点について次のように回想している。

> 思うに幣原議長は外務次官として色々の問題を取り扱う上に、御自分の対華外交についての信念、意見等が相当抑えられて、これを実施するに由《よし》なかったという風に推測される。初めてその考をある程度実行に移し得たのは、大正十年の暮から十一年にかけて行

われたワシントン会議において、駐米大使として、又会議全権の一員として、「中国の」顧維均《こいきん》全権と常に懇談を遂げ、山東還付問題の原則的解決を計り、その細目については現地の交渉に譲るというようなことを取極めて、所謂《いわゆる》幣原外交の片鱗《へんりん》を現わされたということであろう。（『中国の嵐の中で』）

前段の見立てについては、「抑えられて」もいなかったといえようが、ワシントン会議で「片鱗を現わ」したという末尾の一節は、たしかに幣原の活躍ぶりを言い当てていた。幣原が主に担当したのは、極東問題としての山東権益継承問題と、太平洋問題としての日英同盟継続問題だった。ちなみに、海軍軍縮問題は、主に海相の加藤が担当する。

山東問題の解決

山東問題の淵源《えんげん》は、一九一九年のパリ講和会議にまで遡る。第一次世界大戦の勃発直後、時の第二次大隈重信内閣の外相だった加藤高明は、日英同盟を口実に対独宣戦に踏み切った。その際、獲得したのが山東半島のドイツ権益だった。

この権益の継承をめぐって日本と中国が対立した。日本はドイツからいったん継承したのち中国に返還する方式（間接返還）を主張したが、中国は直接返還を要求した。パリ講和会議では、列国が日本の主張を支持したことで、中国代表団は調印を拒否。これが契機となって、北京で大規模な抗日運動（五《ご》・四《し》運動）が起こったことはよく知られている。要は、三年越しの、こじれた問題だった。中国側による事前の宣伝が盛んに展開されていたこともあり、米国のメディアは、会議開催前からこの問題について騒ぎ立て、日中戦争勃発の可能性にまで言及するほどだった（『外交五十年』）。

幣原はこの問題に頭を悩ませた。そこで考案したのが、これを極東問題から切り離し、日中二国間協議による直接談判に移行させることだった。米国務省も「名誉ある後退の機会」を日本に与えるため、その方式を支持した。英米両国はオブザーバー参加によって斡旋《あっせん》を試みた。

だが、間の悪いことに、幣原は腎臓結石を患い、体調が極度に悪化し数週間寝込んでしまう。話し合いに参加できない日が続き、幣原に代わって埴原や加藤が出席した。だが、中国側委員の直接返還を主張してやまない執拗な抗議が、会議の進行を阻《はば》んでいた。加藤が「もう駄目だ。このままでは二、三日中に決裂だ。到底いかん」（『同前』）と、匙《さじ》を投げるほどの膠着状態だった。

この状況を打開したのが幣原だった。幣原は病軀《びょうく》をおして交渉の場に戻り、合理的な説明を展開した。

幣原曰く、「日本は山東省の鉄道その他を、奪い取るようなことをいわれるが、それは違う。買収の額なるものは、パリ講和会議でちゃんと決まっている。日本は相当の額を払うのだから、盗人でも何でもない」（『同前』）と。さらには、オブザーバー参加の米国と英国代表の双方が、日本側に理があることを発言する。幣原に言わせれば、それはともに「公平な意見」（『同前』）だった。これらが奏功し、中国側の態度が一変したという。

これには裏話がある。幣原の回想によると、交渉の場以外での彼の周到な準備がこの危機を救ったといえる。山東問題解決の先行きを危惧した幣原は、事前に米国務長官チャールズ・ヒューズと面会している。そこで幣原はヒューズに、「私があなたに望むところは、日本の立場に対する同情的支持でなく、日華両国に対する不偏不党の態度に他ならないのです」（『同前』）と告げていた。権謀術数を用いた駆け引きを嫌い、公明正大で正直をモットーとする幣原なりの交渉術が展開されていた。結果的にはこれがうまく作用した。

幣原の正攻法は、米国にも好印象を与えたのだろう。懸案の山東省利権問題は、中国が若干の補償金を支払うことを条件に、日本は膠州《こうしゅう》湾《わん》租借地と旧ドイツ利権の大部分を中国に返還し、駐屯日本軍を撤退させることで合意する。

新たな東アジア秩序の模索——「門戸開放」理解をめぐって

ただ、日本にとっては九ヵ国条約成立の意味合いの方が大きかった。のちの満洲事変以後に日本が展開した一連の外交政策が、連盟や英米などから九ヵ国条約違反だと警告され、大きく規制されていくからである。そのような条約を、幣原はどう捉えていたのだろうか。

米国が主張する「門戸開放」は実は多義的で、「通商上の機会均等」（一八九九年、第一次通牒）という意味と、「中国の領土的行政的保全」（一九〇〇年、第二次通牒）という二つの解釈があった（『幣原喜重郎と二十世紀の日本』）。幣原自身「門戸開放とか機会均等とかいうことは、すなわち公明正大な競争が行われるということ」（『外交五十年』）と述べている。幣原は門戸開放を前者の意味に解釈した。

幣原の回想によれば、そうした解釈はデニソンの教えに基づくものだった。デニソンは門戸開放では意図するものが不明瞭だとして、第一次日英同盟の案文を作成したとき、門戸開放に代わって「列国の商工業のために機会の均等を与える」と表現し直したという（『同前』）。

幣原が門戸開放に前向きだったのは、このようにデニソンの教えがある。と同時に、幣原は「わが商工業は外国の業者の競争を恐れることはない。日本は実に有利な地位を占めている」（『同前』）と、日本産綿糸布の競争力を評価していた。門戸開放路線を歓迎する根底には、綿産品を海外市場に売り込んでいこうとする、彼なりの戦略があった。事実、その後の幣原は、自由主義的な産業立国策としての経済外交を展開しようと試みる（第4章参照）。

会議当初の日本側を覆ったのは、日本の在華権益や地位が米国によって脅かされるのではないか、という危惧と猜疑《さいぎ》心だった。だが、実際に話し合いを開始してみると、予想に反して米国全権は慎重な態度に出た。かつてセオドア・ルーズベルト大統領のもとで国務長官を務めた米国全権エリフ・ルートは、門戸開放の一般原則として「四原則」を発表した。これは、中国側委員の提唱する包括的な要求（「施肇基《しちょうき》十原則」）を退け、日本の特殊権益としての満蒙に抵触しない内容だった。

具体的には次の四項目からなる。①中国の主権、独立、および領土的・行政的保全の尊重、②中国の安定政権樹立のための機会付与、③商工業の機会均等主義の樹立、④友好国国民の権利を脅かす特権を認めず、また友好国の安全に害ある行動を控えること、である。九ヵ国条約はこの四原則を基礎として締結された。

第三項にあるとおり、ルートの門戸開放論も、幣原の解釈と符合するものだった。これが基になって九ヵ国条約は成立する。九ヵ国条約は、産業立国論に根ざした通商政策を展開しようとする幣原外交と整合し、原理的に矛盾しないものだった。

追憶としての日英同盟

幣原が締結交渉に関わった太平洋地域の平和に関する四ヵ国条約は、ノスタルジックな思いとともにしばしば回顧される。

四ヵ国条約締結によって日英同盟が廃棄されたからである。この廃棄については後悔する文脈で語られることが多い。なかには、日英同盟が継続されていたら太平洋戦争も起こらなかったのではないか、という期待とも願望ともつかない「ｉｆ」が語られることもある。ただし、日英同盟の廃棄から太平洋戦争の勃発まで約二〇年もあり、その間の国際社会にはさまざまな出来事が起こり、国際社会は変動を重ねていた。

とはいえ、日英同盟の廃棄は日本側にとって感傷を伴う「事件」だった。

四ヵ国条約締結が定まったとき、外相の内田康哉は当時書記官だった来栖三郎《くるすさぶろう》を大臣室に呼び寄せ、英国政府に宛てる一通の公文を起草させた。そのとき内田が口授したのは、「たとえ同盟は終了するに至っても、その精神は長く日英両国の間に生きることを切望する」(『泡沫《ほうまつ》の三十五年』)という内容だったという。来栖は、「自分はこの日本外交界の長老が、日英同盟に対する強い愛惜と尽きざる追憶にひたりながら、句切り句切り自分に訓令した時の、いかにも感慨に満ちた表情を、いまなお想起することができる」(『同前』)と回想している。

バルフォア案から四ヵ国条約へ

ただし、交渉当時者の幣原はそのような感傷や感慨に浸ってはいなかった。

四ヵ国条約は、第一段階のバルフォア案、第二段階の幣原案、第三段階のヒューズ案という三段階を経て締結される(『幣原喜重郎と二十世紀の日本』)。

バルフォア案は、イギリス首席全権アーサー・バルフォアによる試案で、従来の日英同盟に米国を加えた三国協商案だった。要するに、軍事同盟を日英間に復活させようと企図したものだ。この提案を承《う》けた幣原は修正案を作成した。幣原は、軍事同盟を視野に入れたバルフォア案では米国が承諾しないだろうと見込んで、三国による協議条約、つまりは重大問題が起こった際、互いに相談し合うという条約に修正した。ヒューズ案は、この幣原案にフランスを加えて四ヵ国条約にしたもので、中国を適用外としていた。幣原はヒューズ案を支持した。幣原は英国との同盟関係継続よりも、米国との協調を選択したのである。

四ヵ国条約は期待が高かった。構成員を多く抱える九ヵ国条約よりも、大国の地位にあった四ヵ国による条約の方がアジア・太平洋秩序の維持に貢献できると認識されていたからだ（『同前』）。幣原も、おそらくはそう考えた。ただ、九ヵ国条約を無視し四ヵ国の討議によって中国問題を解決するといった事態は、現実には起きなかった。変動を続ける東アジア国際環境は、当初の予想以上に九ヵ国条約を重視し、それに基づく秩序構築を必要としたからである。

その意味では、当初の見立ては間違っていた。だが、幣原が四ヵ国条約の有効性を当初高く見積もっていたとすれば、そこに期待したと考えられなくもない。同時にこれは、本省との間に少なからぬ乖離《かいり》が生じていたことを意味した。幣原が本省からの訓令を待たずにヒューズと交渉した点は、それを示唆している。これは、政府中枢からの絶大な信頼があったからこそ取り得た交渉術だったが、対米協調を重視して日英同盟を大使の立場で先走って廃棄したのは軽率だとする見解もある（『幣原喜重郎とその時代』）。

特異なファイルの存在

ところで、「外務省記録」のなかに、「幣原大使受電」（二冊）、「華府《ワシントン》会議全権来電番号順綴込」（七冊）というファイルが残されている。前者は幣原が受信した、すなわち本省（東京）から全権（ワシントン）の幣原に宛てられた電報（往電）「写」の綴りであり、後者は全権から本省に送られてきた電報（来電）のリストである。

実はこの類いのファイルが作成されることは非常に珍しい。察するに、ワシントン会議での討議内容や決定事項は、その後の外務省の執務にとってきわめて重要であり、外務省はそれらをまとめた記録文書やファイル群（2門：条約―4類：国際平和会議及条約、協定―3項：華盛頓《ワシントン》会議）に分類された計七三件・一〇〇冊）を、有用な執務参考として利用し続ける必要があったのだろう。それらを効率よく、しかも長きにわたって活用するために、一覧性に富み、索引としての機能も果たすファイルをわざわざ作成したのである。

外務省がワシントン会議の結果を重視し、会議後に出現したとされる「ワシントン体制」の遵守《じゅんしゅ》を試みていた証左といえる。

排日移民問題――宣伝外交との距離

他方で排日移民問題は、幣原の大使時代にもくすぶり続けていた。

一九二四年五月には、いわゆる排日移民法が成立する。正式名称を「一九二四年移民法」といい、日本人移民のみではなく、アジア系全般のほか、東・南欧系の非プロテスタント系新移民を制限対象とし、割当制（クオータ制）による制限を謳《うた》っていた。

だが、その眼目は、第一三条の「帰化不能外国人」の入国禁止条項にあった。一九〇八年（明治四一）の日米紳士協約によって、制限つきながら日本政府の自主規制によって続いていた日本人移民を、絶対的に禁止することが目的だった。同法が排日移民法と称されるゆえんである。その成立に、日本のメディアは当然ながらいきり立った。法律を制定した米国の非を、異口同音に唱えたのである。

幣原の移民問題に対する立ち位置は冷静だった。理由はいくつかある。

第一に、米国に参事官として駐在していたときの、ブライスからの教え（第2章参照）があったことである。

第二に、幣原は、問題を根本的に解決するには、日本人移民の習慣や行状を改善し、米国内の対日世論を変えていく必要があると考えていたからである。とくに、「写真結婚」の習慣は、米国社会から激しく忌み嫌われていた。一九〇八年に成立した移民を制限する日米紳士協約を骨抜きにし日本人移民が米国人の仕事を奪っていくという反感に加え、自由主義的な思考態度をとる米国人からすれば、それは個人の思想と人権を否定する問題として捉えられていた。

第三に、米国の対日世論形成過程の観点から、この問題を考えたことである。米国の対日世論は、実は、中国を主な活動の場とする新聞通信員の記事が米国の新聞に掲載されることによって形成されていた。かねてから幣原はこの点を冷静に指摘していた。

話は少し遡る。大使着任半年後の一九二〇年六月、幣原は、米国での日本人排斥の原因を極東地方から寄せられる新聞電報と通信に求め、米国内から日本人排斥論が湧き出ているわけではない、と本省に電報を書き送っている（一九二〇年六月二四日発在米国幣原喜重郎大使より内田外務大臣宛電報第三一七号、外務省記録1.3.1.35）。幣原は、中文新聞に掲載された情報を無批判に米国紙へ転報・転載する新聞通信員を善導することで、米国内の日本人排斥に関する世論を改善できると意見具申したのである。

一方で幣原は、宣伝機関を常設することには疑問を呈した（同前）。宣伝機関を設置して米国内の反日世論を改善しようとしても、かえって相手方の疑惑を招くと懸念していた。幣原は、宣伝外交を広報というよりもプロパガンダに連なると捉え、さらにはそれが権謀術数を弄《ろう》する外交に連なっていくと認識したのである。正直をモットーとする幣原にとって、宣伝は邪道だったということだろう（『大戦間期の対中国文化外交』）。

だが、それは外交戦術の選択肢を狭めることと紙一重だった。幣原が連盟から距離を置き、多国間交渉より二国間交渉を好んだことが結果的に政策選択の幅を狭めることに繋がったと同様に、対外説明を通じた国益の追求という観点からみれば、幣原が宣伝外交と距離を置いたことは、幣原外交を一本調子なものに陥らせてしまう遠因にもなる。

ワシントン体制の遵守――幣原外交の原理

さて、この章の最後に幣原外交の原理について考えてみたい。ワシントン会議の結果、アジア・太平洋地域に成立した、秩序維持原理に基づくシステムのことをワシントン体制と一般的に呼ぶ。体制が成立したと考えているのは日米の研究者に多く、英国の研究者には、システムと呼べるほどの機能が発揮された事例はないとして、否定的に考える者もいる（『日本の外交政策』/『大英帝国の外交官』）。近年では、東アジア地域ではワシントン体制が連盟の代替的機能を果たした、という説も唱えられている。ここではその当否は論じない。

幣原について考える際、幣原の行動原理がワシントン会議で締結された諸条約の精神とどの程度親和的であり、整合性を伴っていたのか、という点の検証が重要だろう。

幣原が九ヵ国条約の基本となった門戸開放・機会均等に理解を示したのは、相互依存的な国際経済秩序の形成が東アジア社会に平和的秩序をもたらす、と考えたからだった。換言すれば、幣原は力の政治を軸とする旧来の帝国主義的な協調外交を脱し、日英米の三国による協調と信頼関係の積み重ねによって、新しい外交理念に基づく国際協調を追求していくことに、日本としての国益を見出したということでもある。

留意すべきは、ワシントン会議の結果、日本の対中国政策は拘束を受けることになったものの、既得権益としての満蒙権益を脅かすにはいたらなかったことである。それは、従来の日本外交指導者と同様に満蒙権益の特殊性を重視した幣原にとって、歓迎すべきことだった。この点が保障される限り、幣原の門戸開放理解は「ルート四原則」を骨子とする九ヵ国条約と親和的だったし、対英米協調路線も四ヵ国条約と符合する。幣原外交は体制を攪乱《かくらん》する因子には、むろんなりえない。その点で幣原外交はワシントン体制に順応した。

ただ、これは幣原外交に限った特徴ではない。産業立国論と対英米協調なら、伊藤博文や井上馨《いのうえかおる》にもみられた政策志向である。満蒙特殊権益を重視しつつ英米との協調を志向した点では、小村寿太郎も幣原とさして変わらない。原敬も同様である。

要するに、平和主義といい対中国不干渉といい、これらは従来の歴代外相が掲げた政策の基調をなしたもので、霞ヶ関の正統外交政策だった。

幣原外交の特徴は、先輩外交官や政治家たちの路線を基本的に踏襲しつつ、そこに新しい外交理念を織り交ぜていったことにあった。要するに、「旧外交」時代から継承した外交課題を、「新外交」理念に沿いながら解決しようと試みるものだったといえる。こうした外交手法を体得した幣原は、それまでの実務的な外務官僚から外政家へと飛躍をとげたのである。

米国での交友——外政家としての人脈

幣原が大使として米国に駐在した三年六ヵ月の間に、米国の国内政治状況は変化した。

大統領は、民主党のウィルソンから、共和党のウォレン・ハーディングに代わった。国務長官も、ロバート・ランシングからベインブリッジ・コルビー、さらにはヒューズへと代わった。赴任当時、国務長官がランシングからコルビーへの過渡期だったので、幣原は第三国務次官補のブレッキンリッジ・ロングとの交渉を重視したという（『幣原喜重郎と二十世紀の日本』）。ワシントン会議で、幣原が胸襟《きょうきん》を開き正攻法でヒューズと対峙したのは前述のとおりだが、こと満蒙権益に関しては、国務省筋からの妥協を引き出すことに腐心した。

さらに幣原は、ワシントン会議の中国全権との間に新たな交友関係を築いた。三名の全権のうちの一人、王寵恵《おうちょうけい》は、当初日本に大いなる反感を持っていた。対華二十一ヵ条要求に関する声明書でも「一服だけでもシナを毒殺することが出来る。それを日本は二十一服も盛ったのである」（『外交五十年』）と、日本への痛烈な批判を展開していた。

だが、山東省利権継承問題の討議を通じて、王は次第に幣原を理解していく。幣原も王がワシントンを去る際、病軀をおして駅まで見送りに行った。そのとき王は、両国の親善に尽くしたいと語ったという（『同前』）。その後、王は一九三五年（昭和一〇）二月に来日した。当時の王の肩書きは、ハーグ国際司法裁判所判事だった。王は外相広田弘毅をはじめ、海相の大角岑生《おおすみみねお》や牧野伸顕とも会談を重ねた。その多忙なスケジュールの合間を縫って、駒込の幣原の私邸を訪ね、半日をかけて話し込んだという（『同前』）。

駐英公使で中国全権代表としてワシントン会議に出席した施肇基も、中国への帰国の途次、幣原が米国から帰国して大臣に就任するまでの待命の時期、体調がいまだすぐれない幣原を見舞いに来た。幣原は深川の岩崎別邸（現清澄《きよすみ》庭園）に招待し、午餐をともにしたという（『同前』）。虚心坦懐に相手と向き合おうとする、幣原らしいエピソードである。八方美人と呼ばれた伊藤博文や、その伊藤をして「十六方美人」といわしめた桂太郎などとは異なる、幣原の正直な人との付き合い方が相手に通じた結果であり、成果だともいえよう。

同時にこうした成果は、幣原に成功体験として記憶されることになったろうし、自信と楽観とを与える契機となったであろう。だが、それは外政家にとって、よいことばかりではない。駆け引きという意味での外交術を軽視する傾向になるからである。

ワシントン会議期間中に、加藤友三郎が「君はお人好しで、自惚《うぬぼ》れているからいかん」（『同前』）と半ば諭したように、幣原の公明正大な言動の根底には、どこか性善説的な人間観が敷かれていた。結果的にそれは、合理的に物事を考えると同時に、念ずれば通ずという ような、楽観的な思考態度と半ば非合理的な自信とを同居させることになった。エリート然とし、自信家にありがちな価値観をまとって、彼は外相に就任するのである。

第4章　幣原外交の始動——一九二〇年代の日中関係

1　権謀術数の排除——外相就任と公表外交

外相起用の背景と外交方針演説

一九二四年（大正一三）六月一一日、加藤高明護憲三派内閣が成立した。三派とは与党の憲政会、立憲政友会、革新倶楽部のことである。憲政会の単独内閣ではなく、三党による連立内閣だったが、実質的には大命降下を受けた加藤率いる憲政会が主となった、「憲政会本位」の組閣だった。それは「苦節十年」——第二次大隈内閣で加藤外相が対華二十一ヵ条要求を発し、元老西園寺公望の信用を失ってからの一〇年を経てのことだった。

その外相に幣原が初入閣した。第一次幣原外交の幕開けである。実は加藤は、組閣直前まで、外相候補に石井菊次郎駐仏大使を挙げていた。だが、土壇場で幣原に白羽の矢を立てる。野党時代の苦節一〇年を経て、対華二十一ヵ条要求でつまずいた過去を反省し、石井よりも正攻法の外交展開が期待できる幣原の力量を買ったのである。同時に、移民問題でゆれる日米関係を調整するため、米国経験が豊富な幣原の外交手腕を見込んだのだ。

加藤高明（1860〜1926）

新内閣成立に伴う七月一日の特別会（第四九議会）で、幣原は加藤首相の施政方針演説に続いて外交方針演説を行った。その内容は、①共存共栄を念ずる平和方針、②外交の継続性、③対米問題、④対ソ交渉、⑤対中問題、の五項目だった。

当時のメディアは、幣原の演説をおおむね好意的に評価している。『東京朝日新聞』は、翌二日の社説で「正義平和の大道」との見出しを掲げ、「従来の型を破って新味あり生気あり」と評した。とくに高く評価したのは、平和外交に関する外交理念と、その根底にある「正義公平」といった外交観だった。この点は、『東京日日新聞』も同様で、「新外交」理念に基づく外交方針を支持した（七月二日付朝刊）。

一方で、酷評するメディアもあった。一例が『外交時報』である。一八九八年（明治三一）に外交時報社により創刊された『外交時報』は、外交論壇誌の草分け的存在だった。原則月二回発行され、途中の休刊を挟みながらも一九九八年まで存続した誌齢の長い雑誌である。外交の専門家たちから愛読されるだけでなく、彼らをはじめ幅広い層と職域から外交、政策の当否や方針の提言、対日世論の分析など、さまざまな記事が多く投稿された（『近代日本の外交論壇と外交史学』)。

『外交時報』は、幣原の外交方針演説を次のように評している。「幣原外相の演説は、田舎新聞の新米主筆が、初めての外交問題の社説でも書いた時のように、対外国策の見当も着いて居なければ論文全体の中心も取れていない」(巻頭言「首相外相の演説」、一九二四七月一五日号)。かなり手厳しい評価といえよう。とくに、中国問題への具体的方策に乏しいと指摘された。つまるところ、多くの読者を持つ新聞からの評判はよかったが、外交の専門誌からすれば物足りないという評価だった。

部下からみた幣原の閣僚デビューは、及第点だった。当時亜細亜局長だった出淵勝次は、二日後の七月三日に、「大体に於いて惰気《だき》見ゆ」とした予算総会での幣原を「悪しからざる」と日記にしたためた。ちなみに、「閣僚中浜口(蔵相)は第一等」で、「加藤首相に至りては宰相の器ならざる様」と評している(「出淵勝次日記(二)」一九二四年七月三日条)。

出淵による演説の手直し

外交演説の執筆について、伝記『幣原喜重郎』には次のようにある。「この演説草稿は現に外務省に保存されているが、これは固《もと》より外務吏僚の起草したものではなく、幣原外相自ら心血を注いで、克明に起案執筆した粒々辛苦《りゅうりゅうしんく》の結晶なのである」。だが、震災や戦災で焼失してしまったのか、「幣原直筆(肉筆)」の原稿は現存しない。タイプ打ちされた和文と英文の草稿がそれぞれ残されているだけである（外務省記録 1.5.2.2-5 第三巻）。

ただこのタイプ打ちの原稿が史料としてなかなか興味深い。なぜなら、原稿作成に携わった外務官僚の存在が浮かび上がってくるからである。先行研究では、当時亜細亜局長だった出淵の関与が指摘されている（『幣原喜重郎と二十世紀の日本』）。たしかに出淵の日記には「三時より大臣室にて外交演説草案を議、五時頃〔から〕七時過迄は小生単独にて相談。支那に関する原案に大々的修正を加え、略《ほぼ》我輩の案通りとなす。大成功也」（「出淵勝次日記（二）」一九二四年六月二五日条）とある。出淵と幣原は膝《ひざ》を突き合わせ、二時間以上もかけて演説の修正作業に没頭したのである。

随分と熱のこもった力の入れようだが、これには伏線があったようだ。同日の昼のこと。商業会議所で催された宴会に新閣僚が招待され、首相就任予定の加藤が演説した。だが、「余り振《ふる》わず」という結果に終わる（「同前」）。目前に迫った議会での演説で幣原は、それを挽回する必要があった。

小村による演説の校閲

出淵が深く関与したという事実に加えて、さらに重要な点がある。それは小村欣一（このときの職位は本省の参事官で亜細亜局、欧米局に兼勤）が幣原の外交方針演説の校閲に関わっていた点である。しかも小村は演説草稿の最終的な校閲者であり、「最後の確定」者でもあった。

小村は、牧野伸顕が外交調査会（第3章参照）で披露した「講和会議の大勢が日本の将来に及ぼす影響及之に処するの方策」という演説の原稿作成者である。その披露は、牧野がパリ講和会議に赴く直前、一九一八年（大正七）一二月八日のことだった。この演説には、「ウィルソン主義」を日本の新たな外交方針の基盤に据えようとした、小村の外交観が表れている。幣原の演説の冒頭も、同様の外交観によって彩られていた。要は、ここに小村の影響がみて

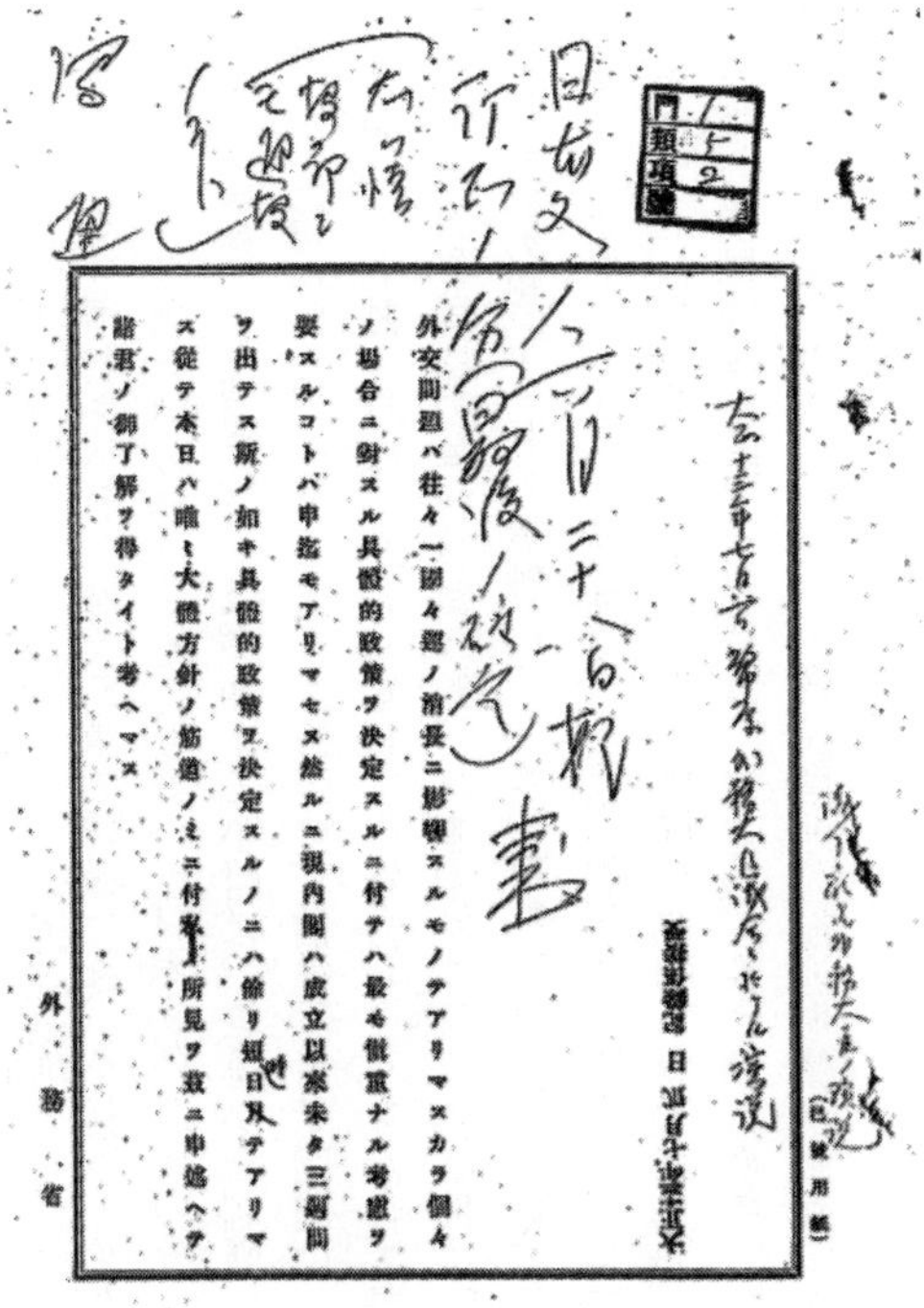
外交問題ハ往々一國々運ノ消長ニ影響スルモノデアリマスカラ個々ノ場合ニ対スル具體的政策ヲ決定スルニ付テハ最モ慎重ナル考慮ヲ要スルコトハ申迄モアリマセヌ然ルニ現内閣ハ成立以来未タ三週間ヲ出テス斯ノ如キ具體的政策ヲ決定スルノニハ餘リ短日月デアリマス従テ本日ハ唯タ大體方針ノ筋道ノミニ付テ所見ヲ茲ニ申述ヘテ諸君ノ御了解ヲ得タイト考ヘマス

外務省

小村欣一が書き込んだ幣原の外相演説草稿（外務省記録1.5.2.2-5「帝国議会関係雑纂　総理、外務両大臣演説」第3巻所収）

取れるし、小村を実質的な作成者ではないかと指摘することも可能だろう。

先述のタイプ打ちされた和文草稿の冒頭には、小村欣一の花押《かおう》が据えられており、そこには次のような書き込みがあった（写真）。「日本文の訂正の分（最後の確定）六月二十八日朝」、「右は情報部にも通報のこと」。加えて小村は、筆跡から判断して、演説の本文も計四ヵ所にわたって修正した。とくに大きな修正は、前述③対米問題の「移民問題」についてだった。

演説日の七月一日は、奇しくも日本人を含むアジアから米国への渡航移民を拒否する、いわゆる排日移民法の施行日だった。日本中が注目する案件について、原案では排日移民法と「日米条約の規定」との抵触についての解釈を「他日の機会に留保せる」と、先送りにしていた。これに小村が修正を加え、「何等抵触する所がないと云う結論を生ずるものではありませぬ」と、排日移民法の不当性を明確に指摘したのである。

演説の移民問題に関する部分は、先述の『東京朝日新聞』の社説でも評価された。小村本来の外交観を取り入れ、小村が移民関連の記述を修正したことは、外交演説が好評を博す重要な要因になった。

公表外交の推進と「幣原外交」

幣原の外交方針演説を新聞が好意的に評したことは、幣原にとって幸いだった。というのも、国民の外交理解を促進しその成熟化によって外交活動が支持されるという「国民外交」

の創出を目論む外務省は、この時期、公表外交に本格的に取り組み始めていたからである。第3章でみた有為な若手外交官たちの革新同志会の趣意書で求めていた情報部が一九二一年八月に正式に設置され、公表外交が全面的に展開され始めていた。若手外交官たちによる提言が実現したのだった。

公表外交とは、外務省が公表してもよいと判断し主体的に選別した文書（情報）を国民に提供し、外交に関する国民の興味や関心を高める。それによって、外交への理解を国民から調達し、外交活動の推進力に変えていこうというねらいに基づく活動である（『大戦間期の対中国文化外交』）。ただ、あくまでも外務省が選んだ文書の公表であり、文書の公開ではない。日本での外交文書の本格的な公開は、実に一九七一年（昭和四六）四月の、外交史料館の開設まで待たねばならない（『近代日本の外交史料を読む』）。

外交文書の公表によって情報の提供を受けた国民と、国民外交創出を企図した外務省の取り組みとがあいまって、第一次幣原外交期はこれまで以上に国民の目が外交活動に注がれていく。

公表外交に基づく国民外交の必要性は、メディアも大いに認めていた。「民主化」は、「新外交」を構成する重要な概念だった。たとえば、前述の『東京朝日新聞』社説には、「若《も》し夫《そ》れ正義平和の大道を履《ふ》みて進まんとする場合に執るべき方策は何であるか。武器は何であるか。之は公正なる輿論《よろん》の支持のみが此の外交政策を実行するの根基であり枢軸である」とある。幣原の外交方針は、このように歓迎された。

「幣原外交」という文言は、次第にメディアを賑わせ衆目を集めるようになっていく。雑誌には一九二六年頃から、新聞には翌二七年頃から、幣原外交の文言を冠した見出しが掲載され始める。とくに、田中義一が推進した「田中外交」と対比的に語られることが多かった。田中外交とは、後述するように陸軍大将の田中義一が首相兼外相として主導した対中国強硬外交のことで、在外邦人保護を名目に中国に駐留する日本軍を派兵したことでも知られている。当時のメディアが、幣原外交にある種の「型」を見出していた証左だろう。

メディアのこのような効用については幣原も心得ていたようで、記者と距離を置く「新聞嫌い」である一方（『現代人物評論』）、しばしば『外交時報』には幣原名義の論考を寄稿した。この時期だと「国際政局の推移と外交の根本義」（一九二五年一〇月一日号）、田中外交期だと「支那問題概観」（一九二八年四月一日号）などが目に留まる。

正直かつ正攻法の外交

いずれにせよ幣原が目指したのは正直な外交である。幣原は一度目の外相を退いたのち、「外交管見」と題した慶應義塾大学での講演（一九二八年一〇月一九日）で、権謀術数による外交を次のように明確に否定している。

歴史に徴《ちょう》しますれば、従来外交が斯《か》かる権謀術数に依《よ》って動かされたる実例は殆《ほと》んど枚挙に遑《いとま》ありませぬ。然《しか》も其の終局の結末は如何《いかが》であったか。一時は適《ま》さに国家に貢献したこともありましょう、又目前の赫々《かくかく》たる成功は国民の喝采を博し得たでありましょう。併《しか》し乍《なが》ら之が果して国家百年の長計でありましょうか。〔中略〕一時の功を奏したる権謀術数も、何日《いつ》かは其国の為に重大なる禍《わざわい》を来たすことがあるものと覚悟しなければなりませぬ。

（「外交管見」、「幣原平和文庫」リール七所収）

さらに幣原は、幣原外交とは何かと問われた際、正攻法そのものだと答えている。

それは1＋1＝2あるいは、二二が四というだけである。それに対して二一天作の六、二二が八というような、道理に合わないやり方、相手を誤魔化したり、だましたり、無理押しをしたりすることを外交と思ったら、それは大間違いであって、外交の目標は国際間の共存共栄、即《すなわ》ち英語でいわゆるリブ・エンド・レット・リブ〔live and let live／互いに許しあって生きていく〕ということにあるのだ。

（『外交五十年』）

幣原は、こうした信念を根底に据えて、対英米協調主義のもと、満蒙権益の保護と自由通商政策の推進によって国益を追求しようとした。

第二次奉直戦争の勃発

及第点の外相デビューを果たした幣原だが、すぐに大きな試練に直面した。第二次奉直《ほうちょく》戦争である。中国情勢は、多分に流動的で不安定だった。

第二次奉直戦争とは、一九二四年九月に起こった、奉天省（満洲）を根拠地とする軍閥（奉天派）の張作霖《ちょうさくりん》と、直隷省《ちょくれい》（現河北省《かほく》）を根拠地とした軍閥（直隷派）馮国璋《ふうこくしょう》の後継者である呉佩孚《ごはいふ》との間で行われた内戦である。「第一次」（一九二二年春）では直隷派が勝利し、奉天派の張は関外（万里の長城以北）の東三省に逃げ帰った。続く第二次戦争で奉天派は捲《けん》土重来《どちょうらい》を期したが、戦闘は一進一退を繰り返して、決着がなかなかつかなかった。

これに業を煮やしたのが日本の陸軍である。伝統的な日本の対満蒙政策は、親日的な張作霖に満洲の統治を任せ同地域の秩序を安定させる。そのうえで、満鉄の支線建設を促進させ、満洲から石炭や鉄といった資源を確実かつ長期的に調達しようとするものだった。そうした方針は、陸軍も関与して作成された後述する「対支政策綱領」にも表れている。

呉佩孚が張作霖のように親日的な態度を示すとは限らず、満洲からの安定的な資源調達も、従来どおりにはいかなくなる可能性が出てくる。満洲の統治に深く関わってきた陸軍にしてみれば、避けねばならない、由々しき事態だった。

宇垣一成の嘆きと嘲り

張作霖の敗色が濃厚になってくると、彼を軍事的に支援するというプランが、陸軍首脳を中心に模索される。軍事介入には普段なら反対の高橋是清（農商相、政友会総裁）までもが、一〇月二三日開催の閣議の席上で「事茲《ことここ》に至っては、張作霖を援助して東三省の戦禍を未然に防止する以外に手はあるまい」（『幣原喜重郎』）と主張し始めた。

信望も厚い高橋の発言は、ほかの閣員にも影響を与え、閣内不一致の様相を呈してきた。閣議が休憩に入ると、たまらず加藤首相は幣原を別室に呼び寄せ、妥協の余地を打診した。

しかし、「中国内政不干渉」を外交方針の柱に掲げる幣原は、頑としてそれを受け入れない。辞職を賭しての幣原の力説にさすがの加藤も納得して、この日の閣議はそのまま散会となった（『外交五十年』）。

直後に事態が急変する。一〇月二三日、つまり閣議当日の未明に直隷派の馮玉祥《ふうぎょくしょう》がクーデターを起こし、北京に入城していたのである。この結果、呉佩孚は漢口《かんこう》にまで逃避する。呉敗退のニュースが幣原の耳に飛び込んできたのは、閣議終了後の夕方、首相官邸でだった。加藤首相は臨時閣議を開き、この件を報告した。幣原は得意満面だった。

「閣僚諸君の非常なご配慮を煩わしたが、これで満洲が戦禍を蒙《こうむ》る心配は無くなった」と報告した（『同前』）。その席上、高橋是清も、「よかった。よかった。君ががんばってくれたので日本は救われた」と、大いに喜んだという（『同前』）。出淵も翌日の日記に「不干渉主義先ず《ま》有終の美を収むる見込付き、痛快此上《このうえ》なし」（「出淵勝次日記（二）」一九二四年一〇月二三日条）、「外務省の顔大に立つ」（「同前」一〇月二四日条）としたためた。

だが、事の真相は複雑だった。馮のクーデターの裏で、秘密裏に日本の軍人が動いていたからである。馮玉祥のクーデターは、軍の画策により張作霖が一〇〇万円を支出し馮を買収したことによる。

宇垣一成（1868～1956）

閣議に出席し素知らぬ顔をした宇垣一成《うがきかずしげ》陸相は、日記に「張の戦勝、馮の寝返りが何処《どこ》に原因して居《い》るかをも知らずして得意がりて居る彼等〔他の閣僚〕の態度は憐《あわ》れむべく且《かつ》笑止の至りである」、「武器の供給を免かれ国際信義を全《まっと》うし得たりと神様の如き考えで難有《ありがた》り居《お》るのは気毒にもなれば御目出度《おめでた》過ぎるとも思われる」としたためている（『宇垣一成日記1』）。

「無数の心臓」

宇垣から密かに嘲笑されていた幣原だったが、「中国内政不干渉」を貫くだけの確固たる外交観があった。幣原は、「一方を援助することは明らかな干渉であって、先の厳粛な声明を反故《ほご》にするもので、国際間の信義を守ると否とは、国運の消長に関する重大問題である」

(『外交五十年』)と述べている。さらにそれは、幣原なりの中国観によって支えられていた。それは「無数の心臓」という中国理解によく表れている。

どこの国でも、人間と同じく心臓は一つです。〔中略〕一つの心臓だと、その一つを叩き潰せばそれで全国が麻痺状態に陥るものです。〔中略〕しかし中国という国は無数の心臓を持っているから、一つの心臓を叩き潰しても、他の心臓が動いていて、鼓動が停止しない。すべての心臓を一発で叩き潰すことはとうてい出来ない。だから冒険政策によって、中国を武力で征服するという手段を取るとすると、いつになったら目的を達するか、予測し得られない。(『外交五十年』)

要は、中央集権的な近代国家としての体制が整備されておらず、各地に軍閥が割拠する状態を「無数の心臓」と形容したのである。不干渉主義はこのような外交観と中国観に支えられ、貫かれていた。

幣原の満洲統治構想

この時期の対中国政策は、一九二四年五月二六日に外務・大蔵・陸軍・海軍四大臣の決裁を得て、三〇日に清浦奎吾《きようらけいご》首相に報告された「対支政策綱領」を基準とした。四省局長間で三ヵ月にもおよぶ計八回の会合を重ねた末の成案だった。

その原案を作成したのは出淵である。原案は、主に六項目で構成されていた。①ワシントン条約の尊重、②不干渉主義の厳守、③国際協調と日中「特殊関係」周知の両立、④権利擁護、⑤居留民保護、⑥友好的精神と公正による日中親善（「第二号」、『日本外交文書』大正一三年第二冊、第七三七文書）である。出淵がとくに重視したのが、筆頭に掲げたワシントン条約精神の尊重だった。

一方、三ヵ月の討論を経て成案となった「対支政策綱領」は、原案とはいささか内容が変わり八項目からなっていた。①ワシントン条約の尊重と自主的態度の両立、②中国の財政整理産業開発などへの援助と内政不干渉の両立、③中国中央政府と地方実力者との良好な関係樹立、④中国での地歩の確保と伸展およびその周知、⑤政治借款の保留と実業借款の奨励、⑥中国の天然資源の開発、⑦対中国貿易の発展、⑧満蒙における地歩の確保と伸展、である。ワシントン会議精神の尊重が後景に退いている。

他方で注目すべき点があった。それは原案作成過程で、出淵が張作霖を名指しで支持することには反対していたことである。出淵は、張作霖への日本の援助が張の一身一家に対するものなのではなく、東三省の実権者としての地位に対するものであることを張に自覚させることが重要だと訴えていた（「第二十号」、『日本外交文書』大正一三年第二冊、第七三七文書）。東三省の実力者を支持することが重要で、実力者であれば張以外の人物でも構わない、という考えからである。

この点は幣原も同じだったとみてよい（『外交五十年』）。翌年に起きた郭松齢《かくしょうれい》事件（一九二五年一一月に奉天軍閥の将軍郭松齢が張作霖に対して反乱を起こした事件）に際しても、郭の勝利を予測した幣原は、郭が入満した場合には日本の権益を侵さないよう警告を出すことを想定していたからである（「大正一四年一二月四日閣議に於ける支那時局に関する雑談要領」、外務省記録 1.6.1.86-4 第一巻）。

要するに、張作霖が敗北することを極度に恐れた陸軍（宇垣陸相）と異なり、外務省（幣原と出淵）は、張と敵対関係にあった呉佩孚が入満しても問題ないという立場だった。両者の満洲（東三省）統治構想は、大きく異なっていた。

事実、第二次奉直戦争で呉佩孚は在天津吉田茂総領事を通じて、日本からの支援を懇請するとともに、日本の既得権益の尊重は当然だとし、加えて、張作霖以上に自分は日本にさらなる権益を供与するつもりだと伝えてきていた（一九二四年一〇月一二日発在天津吉田茂総領事より幣原外相宛電報第一四五号、『日本外交文書』大正一三年第二冊、第三二五文書）。何より幣原は、馮のクーデター決意の情報を一〇月二一日に得ていた（同右、第三四一文書）。

第二次奉直戦争での幣原の強固な「内政不干渉主義」の根底には、たしかな情報収集と、それに基づく情勢判断があった。実は宇垣が非難するほど、幣原や出淵は「御目出度過ぎる」存在ではなかった。

2 中国市場の開拓──経済合理主義の追求

中国市場の価値

満蒙権益の保持を重視する一方で、幣原は中国本土への経済的進出にも取り組んだ。「本土」とは、中国大陸を満蒙と区別する際に用いられる領土的概念で、万里の長城を基準に、それより北を満蒙（時に関外とも）、それより南を本土（時に関内とも）と称した。

中国市場の価値は、むろん莫大な人口を抱える中国の潜在的な需要を見込んでのことである。と同時にその価値は、一九二〇年代から三〇年代にかけての日本産業の成長、成熟と密接に関連しながら上昇していた。

この時期の日本の主力輸出品は、明治期に中心だった生糸や絹織物から、綿糸や綿布といった綿製品へ移行していた。一九一一年（明治四四）に関税自主権を回復して以降、国内の綿産業が発達し、中国市場を中心に販路を拡大させていた。ことに一九二〇年代の中国は関税自主権が認められておらず、日本の綿製品を中国市場に低価格で流通させることが可能だった。日本企業が中国で紡績業の工場生産を行う在華紡《ざいかぼう》が、急速に事業を拡大させていた。

その意味で中国本土は、幣原が推進する産業立国策としての通商外交にとって、魅力的であると同時に重要な地であった。幣原はワシントン会議を通じて、国際社会との協調関係を構築することと、相互依存的な国際経済秩序を形成することが、それぞれ補完し合って平和な国際社会が築かれることを学んでいた（『大戦間期の宮中と政治家』）。

貿易を拡大させて外貨を獲得し、通商という合理的な手段で国益を追求する産業立国策は、戦争や武力的威圧などの手段で海外に領土や利権を求めることを否定し、国際社会との軋轢《あつれき》を生む非合理的な手段を回避する幣原外交に適《かな》う政策だった。

中国の二つの顔——幣原が直面したもの

第一次世界大戦後の中国市場では、日本の主力産品である綿製品の需要が高く、関税もきわめて低く設定されていたので面白いように売れていたが、そうした幸せな時代は長くは続かなかった。中国の関税自主権を回復させる試みが、国際会議で協議されることになったからだ。一九二五年（大正一四）一〇月二六日から約八ヵ月半もかけて北京関税特別会議が開催される。近代国家への変貌を遂げつつある中国にしてみれば、関税自主権は国家として当然の権利であった。

幣原は中国の関税自主権には理解を示していた。ことに中国が税権を回復することによって対等な主権国家となることを歓迎した。その根底には、貿易を通じたフェアな通商が展開され国際経済秩序に中国を組み込んでいけば、混乱している政況もやがて落ち着き、中国も統一された近代国家として成長するだろうという期待にも似た見立てがあった。

裏を返せば幣原は、そうした国権回復への手続きは順を追って達成されるべきだという合理的価値観を持ち合わせていた。中国が不平等条約を強いられた過去の歴史には同情と理解を示すが、その改正には正当な手順を踏むことを求めていた。

後述するように、第二次外相期の幣原が過去の締結条約を一方的に破棄する中国の「革命外交」に直面したとき、つまり市場としての中国から国家としての中国への変貌を非合理的に遂げようとしたとき、それを敢然と批判するが、それはそうした価値観ゆえだった。

一方の中国にとっても、関税自主権の回復は大きな意味を持つ。中国市場の潜在能力が、きわめて高かったのだ。一九一〇年から三〇年の間に機械制綿紡績業の生産量はほぼ五倍になり、国内需要を一〇〇%賄える体制になっていたし、機械制綿布の自給率も五割を超えつつあった(『戦間期中国〈自立への模索〉』)。日本は不平等条約を改正する際、関税自主権よりも治外法権を優先させた。それは市場規模に照らしたとき、関税自主権の喪失が国家にとってそこまで重大で深刻な問題ではなかったからだといえる。

しかし中国の場合は、人口比に照らしてみても日本の約一三倍(当時)にも及ぶその市場の潜在能力と規模からして、そうはいっていられない状況だった。関税自主権を回復させ国内綿産業を保護し育成することによって、自国の綿産品を市場に供給することが、財政の不安定な中国政府にとって何よりの大きな課題だったのである。近代国家としての中国が立ち現れつつあった。

関西綿産業界からの圧力

ただ、日本の綿産業にすれば、それは好ましい事態ではなかった。関西地方を中心に綿糸布産業の保護を要望する多くの声が外務省に寄せられていた。幣原の出身である関西地域は綿工業の中心地域である。綿製品の販路拡大を中国市場に求める綿業者にとって、中国の税権回復は、輸出振興を脅かしかねない深刻な問題だった。

たとえば大阪府知事の中川望《なかがわのぞむ》は、中国の輸入税率引上げは日本産綿製品の輸出に大打撃を与えるので増徴税率（税率の引上げ幅）を二・五％以下に抑えるよう要望してきた（一九二五年九月一六日付大阪府知事中川望より幣原外相宛公信第七〇一七号、外務省記録 2.9.10.13 第三巻）。

民間業者も黙っていなかった。同年一一月には六大都市商業会議所聯合《れんごう》常任委員会が決議書を採択し、奢侈《しゃし》品目が広範囲に設定されることで日本の対中貿易は甚大なる打撃を被るおそれがあるとして、範囲を「絶対的高級奢侈品」に限定するよう要望してきた（一九二五年一一月九日付六大都市商業会議所聯合会決議書、外務省記録 2.9.10.13 第五巻所収）。

幣原はこのような要望にも耳を傾けねばならなかった。日中それぞれの思惑が交錯するなか、幣原は北京関税特別会議の指揮を東京から執ることになる。

北京関税特別会議に臨む

北京関税特別会議は、不平等条約によって税率を従価一律五%と制限されていた中国の関税自主権を回復させ、国家財政基盤を強固にする目的で、一九二五年一〇月から翌年七月にかけて北京を舞台に開催された。その際、ワシントン会議で締結された「中国の関税に関する条約」に依拠するとされた。この条約には、北京関税特別会議を見越して、締結されるべき関税増徴率や方式などがあらかじめ設定されていたからである。

たとえば、「釐金税《りきんぜい》」の廃止も会議の課題として盛り込まれていた。釐金税とは、中国内地を貨物が通過するときに課される内地税のことで、地方ごとの慣例に従って行われていた。釐金税は地方にとっての重要な財源だったが、中央政府の税収は脅かされ、財政基盤が整わない元凶になっていた。この撤廃を条件に、ワシントン会議では増徴率二・五%とされた。

会議参加国は、日本を筆頭に、英、米、仏、伊、蘭、ベルギー、デンマーク、ノルウェー、ポルトガル、スペイン、スウェーデン、そして当事国である中国の一三ヵ国だった。日本は、全権に日置益《ひおきえき》大使(待命)と駐中国公使の芳沢謙吉の両名を派遣し、本省では佐分利通商局長の下に通商局第一課員の川島信太郎と堀内干城を配置する体制で臨んだ。

会議開会式で日本全権は、中国の関税自主権回復を支持する旨を宣言した。もっとも日本としては目的と打算があっての宣言である。日本はこれによって日中間に良好な関係を構築し、両国間での個別協議によって品目ごとに税率を定める、いわゆる協定税率の設定に導こうという方針だった。幣原は、「好時機を見斗《はから》い」これを宣言するようにとのコメントを開会式日本代表挨拶の訓令電で付し、この方針に賛同していた（一九二五年一〇月二二日発幣原外相より全権宛電報関会第四号、外務省記録2.9.10.13第四巻）。

各国の思惑と日本の戦略

ところが、スタンド・プレイともいえる日本の行動は、中国の税権回復支持の宣言など予期していなかった英米両国から不興を買い、参加国の足並みは乱れる。

参加主要国が提示した中国の税権回復プログラムは、中国が自主的に付加できる税率を段階的に回復させようという点ではおおむね共通しているものの、付与する税率は各国間で大きな差があった。

これには理由がある。綿糸布など生活必需品への課税率を低率に抑えたい日本は、「中国の関税に関する条約」に規定された増徴税率二・五％を主張した。さらに、関税増徴分の使途先は、「西原借款」などで生じた不良債権整理に振り向けるべきだと主張した。

これに対して英米両国は、増徴分の税収を中国政府の財源強化策に振り向けるべきだと主張する。日本と異なり中国に対する不良債権をほとんど抱えていない英米両国にとって、中国の中央政府が財政的に立ち直ることが重要だった。英米両国は、「中国の関税に関する条約」で規定された税率を大きく上回る七・五％の増徴を認めるべきだとした。日本の主張とは実に五％もの開きがあった。

亜細亜局と通商局の対立

会議は、釐金廃止が先決問題だと主張する英米とその他参加国間との調整がつき、一一月一九日に中国の関税自主権回復の原則が承認された。同時に、中国は一九二九年一月一日をもって釐金を廃止すると宣言する。ただしこの決議は、のちに調印されるべき条約中で採用されるとされ、その後の協議で関係列国の間に意見の一致がみられず、越年することになる。

こうした事態に幣原は外相としてのリーダーシップを発揮したのだろうか。

実は、各国との対立が顕在化した会議で、日本の戦略はうまくはまらなかった。その原因のひとつに身内（外務省内）の対立が挙げられる。

会議には亜細亜局と通商局の共管体制で臨んだが、両者間での対立が激しかった。佐分利貞男率いる通商局は、協定税率を日中間で締結するよりも、産品に応じた八段階の差等税率を参加国で協議して設定すべきだと主張する（一九二六年一月二九日付「支那関税特別会議の経過に関する佐分利通商局長談話」、外務省記録 2.9.10.13-20 第二巻）。当初方針からの大転換だが、これには理由があった。佐分利は、中国が協定税率締結を渋っているとの全権からの意見具申を容れて、方針の転換を主張した。協定税率とは二国間協議で設定されるものだが、交渉によっては、本来の税権を行使して設定できる税率よりも不利な条件を強いられることもあり得る。中国はそれを恐れたのだ。加えて、二・五%の増徴で得られる増収額（三五〇〇万元）が中国の希望額（一億二〇〇〇万元）に遠く及ばない点も、中国は不満だった。

ただしこの方式だと、中国への輸出品の大半が生活必需品を占める日本の場合、高率に設定されると高価になって販売しづらくなるだけでなく、中国国内生産品と競合する可能性もあり、日本の輸出業を圧迫するおそれがあった。それにもかかわらず、英米両国も一応の賛意を示した（同前「附録」）との理由で、佐分利は差等税率の導入案を主張した。佐分利と綿密に打ち合わせをしてきた幣原も、おそらくは同じ意見だったであろう。

これにもう一方の主管部署である亜細亜局の木村鋭市（一八七九年生／一九〇八年第一七回試験合格）局長が猛反対する。木村は協定税率の設定は不可欠だとした（同日付「支那関税特別会議に対する今後の方針（亜細亜局私見其の二）」、同前所収）。木村にしてみれば、全権の行動は中国に安易に譲歩しようとするものでしかなく、通商局の行動もまた英米との協調を論拠に、それに追従しようとするものに過ぎなかった。木村は、中国に対し強硬な態度で接することで税率協定の必要性を認識させるべきだと主張する。圧力によって中国側を屈服させることができるという論理だ。これは、通商局と見解を同じくしたと考えられる幣原外相への批判でもあった。幣原の対英米協調の外交方針が、中国への妥協と英米への追従に成り下がっていると、木村の目にはおそらくは映っていたのだろう。

九日後の二月七日、木村は幣原外相に一通の意見書を提出する（一九二六年二月七日付木村から幣原へ提出意見書「支那関税特別会議等に対する今後の方針（亜細亜局私見其の一）」、同前所収。「其の一」は一旦廃案後に再作成されたため、「其の二」と日付が逆順になっている）。

そのなかで木村は、税権を回復した中国が独自に設定する国定税率によって生じた貿易のマイナスを、次の方法で解消すべきだと主張した。①日中両国間で協定税率を定めること、②協定税率を設定するまでの間は税率の増徴幅を二・五％に抑えること、③これまでの中国への投資を維持すること、④新規投資や新規事業を拡大すること。要は、在華紡に代表されるこれまでの投資を維持し、さらに新規投資や新規事業を拡充させていけば、関税増徴による貿易のマイナス（損益）を取り戻せるという主張である。そのためにも協定税率の締結は絶対に必要だった。

この点が通商局の見解と決定的に異なっていた。先にみたように通商局は、国際社会との連携を目指して英米両国との調整を目指し、協定税率締結の方針を見直すよう提言する全権を擁護した。それは英米との協調策を見出そうとしたからである。

こうした相違は、幣原をはじめとする欧米派（通商局）と亜細亜派（亜細亜局）の考える経済外交の相違だった。つまり、古典的な自由主義に基づく通商政策か、投資や借款を通じて政治的にアプローチする政経一体型の政策（第3章参照）かの違いだった。

さらに時をほぼ同じくして、次官の出淵も木村の論調に呼応するかのように、英国批判を展開し始めた。一九二六年一月二八日、出淵の手許に「英国の釐金補償特別税案に関する英国専門委員の説明要旨」（外務省記録 2.9.10.13 第八巻）なる文書が届けられた。B5判用紙九枚に及ぶその文書には、随所に出淵によると思《おぼ》しき書込がある。そこには、釐金税の撤廃の実現が一向に見通せないにもかかわらず、中国へ大幅な税率の増徴を認めることへの苛立《いらだ》ちが書き連ねられていた。出淵もまた英国の方針を厳しく批判するようになっていた（「国益と外務官僚」）。こうして省内では亜細亜局の考えが次第に支配的になっていく。

否定される全権、埋没する幣原

その後、北京関税特別会議への組織的対応は、重要な議題を亜細亜局のメンバーだけで討議するなど、亜細亜局主導で進展する場面も出てくる。共管体制がほころび始めていた。

政情不安な中国で四月にクーデターが起きて段祺瑞《だんきずい》が失脚したために北京政府が崩壊し、会議再開の見通しが不明瞭になった五月中旬、英国が中心となり、日英米三ヵ国代表による「三国専門家試案」が提議された（以下、「英国主導案」）。日本からは佐分利が「専門家」として作成に関与した。その内容は、増徴税率二・五％案を他の審議事項と切り離して決議するというものだった（一九二六年五月一四日付全権より幣原外相宛公信関海第一三八号、外務省記録 2.9.10.13 第一一巻所収）。

一見すると、英国は従来の自説を撤回し、日本が主張してきた二・五％という低率の増徴税率案に寄り添っている。

ところが、実態はそうではなかった。「英国主導案」は、日本が要求してきた不良債権の整理問題や協定税率の設定、米国が主張する釐金撤廃をまったく考慮することなく、増徴税率二・五％だけを決議して会議を打ち切ろうとする内容だったからである。さらに英国は、自国が主導して運用する海関（清代の中国で外国貿易のための開港場に設けられた関税徴収機関で、英国が管理・運営面で主導権を握っていた）へ、関税増収の一部を補塡《ほてん》する案も提示してきた（一九二六年五月一三日付全権より幣原外相宛公信関海第二三六号、同前所収）。

一方的な内容であるにもかかわらず、日本全権は、「英国主導案」に賛成・追随の意を表した。実は米国も次善の策として「英国主導案」に賛成していた（「ワシントン体制と幣原外交」）。日本もこれに追随せよ、という全権からの意見具申だった。

だが、木村率いる亜細亜局は「英国主導案」を認めなかった。亜細亜局は、「此際不合理不徹底なる二分五厘付加税実施案に賛同するは感情の為に国策を左右するもの」と切り捨てて、全権の方針を強く批判した（「関会第三二四号に関する件」、外務省記録2.9.10.13第一二巻）。

外相の幣原がこうした対立を調整した形跡は、残念ながら当該記録からは見出せない。完全に埋没していた。亜細亜局と全権との間の溝は深まるばかりだった（「国益と外務官僚」）。

揺らぐ対英協調

関税会議は七月三日に休会を宣言して中止する。段祺瑞政権が崩壊し、交渉相手が不在となったからだ。日本外務省が増徴税率二・五％案に固執し、米国以外の列強、とくに英国が債務整理に無関心だったこともあり、参加国は休会までになんら具体的な成果を出せなかった。中国を取り巻く通商関係に進展はなかったのである。

北京関税特別会議で明らかになったのは、日本と英国の利害対立だった。中国に権益を持つ点では共通する立場の両国だが、海関制度の維持が最重要とする英国と、不良債権処理を進めたい日本との間には、埋めがたい溝があった。英国の方針転換は、同時に英米両国の協調も難しくしたのである。会議終了後、日本全権は「今回の会議に於て他国特に英米の間は態度互に協調の円満欠きたるものなきに非《あらざ》る」と、悲嘆するしかなかった（一九二六年七月四日発全権より幣原外相宛電報関海第三五二号、同前所収）。

日本と英国との溝は、さらに深まっていった。一九二六年一二月二四日、英国はいわゆる「クリスマス・メッセージ」を発した。それは英国外務省が駐中国マイルズ・W・ランプソン英国公使に宛てた一通のメモで、北京の一八ヵ国の大公使にも通告された。

これがただのメモではなかった。そこでは、ワシントン会議で認められた付加税は即座に無条件で実施されるべきで、輸入税の増徴分の使途先は中国人自身が決定すべきだと述べられていた。日本の主張への強烈な反駁《はんばく》である。同時にそれは、北京政府のもとにある中国という建前を守ってきた英国の従来方針の転換でもあった。北京政府が瓦解し中国全土統一が見通せないなか、英国は広東政権（国民党）の将来性を見越したのである。

一二月二四日の東京では、ジョン・アンソニー・セシル・ティリー駐日英国大使が「クリスマス・メッセージ」を通告するため、外務省の出淵次官を訪れている。だが出淵は、メッセージがワシントン会議の精神に悖《もと》るとし、日本としては、英国はもはや中国問題について日本と協力する意思がないと推定せざるを得ないと、強く抗議した。中国関税問題をめぐって幣原外交の対英協調策は機能せず、両国間の溝は深まっていった。

中国市場の代替を求めて

北京関税特別会議の挫折によって、日本産綿製品にとっての中国市場への見通しは暗くなった。中国政府の税権回復が即時に実現しなかったとはいえ、いずれ中国の税権が回復されれば、従来と同じように日本産品を中国市場へ流通させることは難しくなる。幣原は、日本の綿製品の販路拡大に努める必要に迫られた。その一例が、一九二六年（大正一五）四月にトルコのイスタンブールで開催された近東貿易会議への参加である（『未完の経済外交』）。

会議への参加を省内で主導したのは、幣原派の牙城というべき通商局だった。通商局は日本の国際貸借が年々二億五〇〇〇万円の入超を続けてしまうという大蔵省の見解を基に、これまでの貿易市場では発展の余地が乏しく、新市場の開拓が不可欠だとする高裁案（省議決定案）を起案した（外務省記録3.2.1.41第一巻）。その付属文書として作成された「君府《コンスタンチノープル》貿易促進会議に関する注意事項」では、会議参加の意義がさらに明確に語られている。その第七項には、「国際貸借改善の見地よりすれば差当り最も重要なるは本邦商品の販路開拓に在るべき」とあった。

興味深いのは、遠く中東地域、さらにはバルカン半島、東部アフリカにまで販路の拡大を試みたことである。とくに、会議での対象地域にソ連の黒海沿岸を含んでいたことは注目に値する。これは、一九二五年一月に日ソ基本条約が締結された成果である。日ソ基本条約の本来の目的は、北樺太の石油石炭資源を調達することだった。だが、ソ連との国交樹立は、日本産綿製品の販路拡大にも繋がったのである。

当時、日本の綿製品はイギリスのランカシャー産綿布と互角の競争力を得ていた。インド市場で日英両国の綿製品が衝突し、英国との通商摩擦問題に発展するなか、近東貿易会議は、こうした状況の打開でもあった。

フェアな貿易振興策を通じて立国を図ろうとする幣原外交は、このような外交努力によって支えられた。前述（第3章参照）のとおり、幣原派は俗に欧米派と称されるが、その牙城は実は欧米局にではなく通商局に築かれていた。これまで指摘されてこなかったが、幣原のリーダーシップを組織論と関わらせて考察するうえでこれは重要な論点である。ただし、通商局を牙城としたことは、のちに満洲事変に際して、幣原が亜細亜派に引きずられていく遠因ともなる（第5章参照）。

第一次幣原外交の終焉──漢口事件、南京事件

一九二六年一月二八日、加藤高明首相が没した。議場で答弁中に急激に体調を悪化させ、その一週間後、そのまま不帰の客となった。六六年の生涯だった。実は、加藤の最大の弱点は、健康問題だった。一九二三～二四年頃から心臓の調子が悪く、若槻や浜口にはそのことを密かに知らせていたという（『加藤高明と政党政治』）。議場で倒れた日も、妻の制止を振り切り、体調不良をおしての登壇だった。

代わって組閣したのが、「最後の元老」西園寺の推挙を得た同じく憲政会の若槻礼次郎である。だが、加藤というカリスマを失った代償は大きかった。組閣当初より、若槻のリーダーシップを懸念する声が不満となって、くすぶり始めたのである。

実際、第一次若槻内閣は、組閣からわずか一年三ヵ月たらずで総辞職する。

若槻内閣は、政権運営に何かと苦慮した。まずは、内相に起用した浜口が風邪をこじらせて気管支炎を併発し、一九二六年一一月半ばに長期療養を余儀なくされて離脱すると、逓相の安達謙蔵《あだちけんぞう》が兼摂《けんせつ》する事態となった。同じ頃、若槻は大阪の松島遊郭をめぐる汚職事件の証人として取り調べを受ける一方、同事件で収監されていた同じ憲政会の議員から偽証罪で告発された。与党憲政会は、混迷の度を増していった。

加えて、野党の動きも若槻を窮地に追い込んでいった。一二月一四日に政友会と政友本党間で協調が合意された。貴族院各派も政府への反対姿勢を明確にしたため、若槻内閣は孤立

する。

そこに降りかかってきたのが、一九二七年（昭和二）三月に発生した金融恐慌である。若槻内閣は、支払い猶予令と台湾銀行救済のための二億円の特別融資を行う緊急勅令案を枢密院に諮った。緊急勅令とは、緊急時に法案に代わる効力を持ち、枢密院への諮詢《しじゅん》を経て発令される、天皇命令としての法令である。よって、天皇に奏上する前提として、枢密院の同意を得る必要があった。

だが、枢密院はこれを認めなかった。枢密院の憲政会への嫌悪感は強く、この勅令案を憲法違反だと退けたのである。支払い猶予令のみなら認めるが、特別融資は臨時議会を開催すればよいとの態度だった。

この枢密院の態度には、実は、「幣原外交」への不満もからんでいた。当時、一九二六年七月に再開された北伐（蔣介石率いる中国国民革命軍・国民党による、北方軍閥打倒の軍事的キャンペーン）によって、中国の在留邦人が危害を受ける事件が立て続けに起こり、幣原率いる外務省の対応に非難が集中していた。ひとつは南京事件（一九二七年三月二四日発生）であり、もうひとつは漢口事件（同年四月三日発生）である。

前者は、中国革命軍が南京で日英の領事館を襲撃した事件である。政府は「内政不干渉主義」を貫き、蔣介石に事態の収拾と関係者の処罰を申し入れた。

後者は、日本人水兵と中国民衆の些細な衝突事件を発端とし、それが拡大して漢口租界を無秩序状態に陥らせるほどの混乱に発展した事件である。日本政府は、日本人保護を名目に、陸戦隊約二〇〇名を上陸させ、漢口租界を実力で確保した。ただ、これによって中国の対日世論は悪化し、日本政府は漢口居留民をはじめ長江流域からの邦人引き揚げを開始する。

二つの事件への外務省対応に非難が集中した。南京事件時には「政府の対支方針軟弱に過ぐ　枢府が外相批判」（『東京朝日新聞』一九二七年三月三一日付）との記事が掲載され、枢密院による政権批判が報道された。漢口事件時には、外務省に対するメディアの批判が一段と高まった。「長江一帯四万に近き在留邦人と数億に達するその財産と権利とは何によって保護を全《まっと》うし得るであろう」（『同前』四月五日付第三面）。

第二次奉直戦争では、幣原の固執した「内政不干渉主義」は結果的にうまく作用したが、それが常に奏功するとは限らない。枢密院の精査委員会、本会議それぞれで緊急勅令案が否決され、幣原外交への非難と金融恐慌が荒れ狂うなか、第一次若槻内閣は総辞職する。

3　北伐と「田中外交」——張作霖爆殺事件の衝撃

田中内閣の成立と済南事変——「ひとつの心臓」へ

一九二七年（昭和二）四月二〇日、政友会の田中義一内閣が成立した。野に下った幣原は、貴族院議員として国事に奔走することになった。幣原が貴族院議員に任命されたのは、義兄の加藤高明が殉職し、若槻礼次郎に組閣命令が出された一九二六年一月二九日のことである。外相としての働きが評価されたことに加え、死去した加藤のポストを埋めることも企図した選任だった。

田中首相は自らが外相も兼任したが、注目すべきは、外務政務次官に三井物産の商社マンから衆議院議員になった森恪《もりつとむ》を起用したことだろう。政務次官とは、政治任用（首相の指名人事で選任される）のポストで、いわゆる資格任用（外交官試験など試験選抜者が就任する）の次官（事務次官）とは異なる。第一次加藤高明内閣で設置された（『加藤高明と政党政治』）。

森は政務次官に就任するなり外務省に赴いて、省員を前に郭松齢事件や南京事件での外務省の対応を非難する演説をぶった。

森は外務省にほとんど顔を出さない田中に代わって、「事実上の外相」として振る舞った。省内の実務にこれほど口出しをする政務次官は、後にも先にもそうはいなかった。

そんな森を当初は省員も鼻であしらっていたが、起案された電報（往電）のほとんどに関与したという森の旺盛な働きぶりに、次第に一目も二目も置くようになったという（『評伝森恪』）。

田中内閣にも、試練が待ち構えていた。北伐への対応問題である。幣原外交を「軟弱」と批判しただけあって、異なる対応が望まれた。

北伐の再開は、中国の政治状況が大きく変転しつつあることを意味していた。孫文《そんぶん》の遺志を継いだ蔣介石が主導して再開した北伐は、一九二六年七月に広東省を出発し、翌年三月には、上海、南京を占領していた。

一九二八年四月、北伐を続ける国民革命軍が山東省付近にまで進撃し戦乱による禍害が予想されると、田中内閣は在留邦人の生命財産保護を名目に派兵し（第二次山東出兵）、翌五月三日、済南《さいなん》で国民革命軍と日本軍との間で武力衝突が起きる。済南事件である。幣原が採用した「引揚主義」とは異なり、田中は「現地保護主義」を採用し、派兵した。

東方会議の開催

話を少し戻そう。田中内閣成立直後に、「事実上の外相」たる森が提案し、対中国外交方針を話し合う東方会議が一九二七年六月二七日から外相官邸で開催された。上海、南京を国民革命軍が占領し、なお、北伐を続けようとしている時期である。

東方会議へは、出先と政府双方から出席者が集った。出先の参加者は、芳沢謙吉駐中国公使、吉田茂奉天総領事、高尾亨《たかおとおる》漢口総領事、矢田七太郎《やだしちたろう》上海総領事、児玉秀雄《こだまひでお》関東長官、浅利三朗《あさりさぶろう》朝鮮総督府警務局長、武藤信義《むとうのぶよし》関東軍司令官である。政府側からは、田中義一のほか、閣僚および森恪外務政務次官、出淵勝次外務次官、さらには外務、大蔵、陸海軍の関係局長が参加した。

会議の開催目的は、出先と中央との事務連絡と意思の疎通とする指摘があるが、会議の最終日に田中首相兼外相から訓示された「対支政策綱領」は、中国本土と満蒙地域を明確に区別した在満蒙権益拡大の追求策であり、第一次世界大戦後の日本外交が抱えた課題の解決をねらったものだった。

他方で、東方会議の開催に合わせるかのように、木村鋭市亜細亜局長がある調書を作成した。「支那時局対策に関する一考察（木村私案）」である。重要なのは、これが東三省、つまり満洲の財政整理を盛り込んだ、若槻内閣下の一九二六年三月二六日の閣議決定を踏まえて作成された点である（「第一次幣原外交における満蒙政策の展開」）。

そこには、北伐を進める国民革命軍に張が敗北することを想定して、東三省の時局収拾として張の下野を説き、張に代わる人材として王永江《おうえいこう》を据える方針が検討されていた。王永江は張作霖の側近で、一九二〇年代の東三省の金融を支え、民政・財政の最高責任者として優れた行政手腕を発揮していた人物である。

これはふたつの点で重要である。ひとつは、実力者であれば何も張作霖に固執しないという、第二次奉直戦争以来の方針を外務省が堅持していたこと。もうひとつは、東三省の財政整理策を前面に打ち出し、それまでの「満鉄中心主義」を後景に退かせたことである。とくに後者は、幣原外交が堅持していた方針からの転換だった。満鉄中心主義は、外務省亜細亜局はもとより外務省内さらには政府内での政策方針として確立していた。

よく知られているように、幣原は、満蒙権益のなかでも満鉄を重視していた。木村の「私案」はそれからの転換であり、満鉄の優先度を下げてでも、東三省の治安維持を重視する考えだった。だがこれも、財政援助によって満蒙の政況を安定させることが満蒙権益の確保に繋がるという満蒙権益保持の一策である。その意味では、幣原外交の継承でもあった。

田中は満蒙を安定的に運営する一方で、日英米協調体制であるワシントン体制の枠内で中国との通商にも注力した。そもそも、輸出を増進させ経済を立て直すという産業立国策は、政友会の基本政策である。田中内閣のもとでは資源局が設置され、国家総動員体制への備えも進められたが、田中は対英米協調の立場を堅持し、大枠では自由主義の立場で経済外交を展開していた。

張作霖爆殺事件

一九二八年六月四日早朝五時二三分、満鉄線と京奉線（北京―奉天）の交差する陸橋が爆破された。張作霖を乗せた特別編成列車が通過するその刹那《せつな》のことだった。四両目の貴賓車は完全に爆破され、そこに乗車していた張作霖は瀕死《ひんし》の重傷を負い、二日後に死亡する。爆破の首謀者は関東軍の河本大作《こうもとだいさく》大佐である。

満洲地域の軍閥として、日本と良好な関係を築いてきたはずの張作霖だったが、次第に日本によるコントロールが利かない存在になっていった。

河本の計画は、そのような張の利用価値を見限り、彼を爆殺した直後に武力紛争を起こして治安を攪乱させ、関東軍を出動させるというものだった。だが、田中首相は白川義則《しらかわよしのり》陸相の提出した関東軍出動案を拒否したため、河本の計画は不発に終わる。

田中は張の訃報を聞いて、慨嘆したという。陸軍少佐時代に張と知り合い、張のことを「おらが弟」と親しみを込めて呼んでいた田中にしてみれば、張の死は、満蒙統治者を失ったこと以上に、「弟」でもある朋友《ほうゆう》とのつらい突然の別れでもあった。

張作霖爆殺事件は、単に奉天軍閥のトップが殺されたことを意味しない。関係者の処分が軽微な行政処分で終わったこともあり、関東軍の謀略行為は不発だったとはいえ、ひとつの成功体験のように記憶されたからである。陸軍のこの事件の体験は、のちに「第二次幣原外交」を拘束することになる。

田中義一（1864〜1929）

張作霖爆殺事件後も、国民革命軍による北伐は続いていた。日本との衝突を避けつつ、六月八日には北京を占領。さらに一二月には、張作霖の息子で後継者の張学良《がくりょう》が蔣介石への帰順を示して、満洲の地に中国国民党の党旗である青天白日旗が翻った（易幟《えきし》）。

辛亥《しんがい》革命以来、二〇年近く内乱の続いた中国も、蔣介石のもとで一応の統一をみせ、近代国家として歩み始めることになる。それはもはや、幣原がかつて唱えた「無数の心臓」と形容される存在ではなく、「ひとつの心臓」の誕生であった。

このことは、日本の伝統的な対中国外交のあり方に変更を迫るものだった。それまでの日本は、ふたつの窓口、つまり蔣介石（対中国本土）と張作霖（対満蒙）を通じて中国外交を展開してきた。窓口はひとつになり、従来の二元的な対中外交のあり方は、一九二八年末には修正と変更を迫られることになったのである。

田中外交への批判

さて、話を幣原本人に戻そう。

田中内閣の成立直後の一九二七年四月二二日、幣原は、竹馬の盟友大平駒槌に手紙を宛てている。そこでは、「一時たりとも首相の重任を以《もっ》て外務の劇職を兼摂するが如きは能《よ》く外交の敏活《びんかつ》を期し得らるべきや」（『幣原喜重郎』）と、外相を兼任する田中を批判していた。

済南事件と張作霖爆殺事件を経た翌年八月七日付の大平宛書簡では、「更に驚くべきは田中首相の満蒙政策なるものに有之候《これありそうろう》。同氏の深謀熟慮を欠くは今に始まりたるには非《あら》ざるも、かくばかり甚しき没常識とは想像せざりし所にて候《そうろう》。若《も》しその政策の実行せらるる如きことあらば、満鉄は必然台湾銀行の履轍《りてつ》を踏むべきのみならず、帝国の威信は永く失墜する」（『同前』）と、憂いと焦りを隠さなかった。

以後、幣原は、あらゆる機会を利用して、田中外交の問題点を指摘する。

一九二八年九月一七日に大阪日華経済協会で演説し、一ヵ月後の一〇月一九日には、慶応義塾大学で「外交管見」と題する講演、さらに、翌二九年二月二日の貴族院本会議で外交質問を行っている。

これらに共通する幣原による「田中外交」批判の要点は、①中国内政への武力干渉（山東出兵）、②そのために引き起こされた中国の対日世論の悪化、③出兵に対して国際社会から非難されたこと、④南北妥協（国民政府と張学良との妥協）を三ヵ月延期するよう張に忠告したこと、の四点だった。

幣原外交と田中外交の近似性

田中外交批判の絶えなかった幣原だが、しかし幣原外交と田中外交は、幣原本人が指摘するほど対照的ではない。むしろ近似しているとさえいえる。

通説では、幣原の外交を「対英米協調」「中国内政不干渉」と特徴づけ、田中外交とは対比的に語られてきた。幣原＝善玉、田中＝悪玉、との図式で解釈してきた面もある。だが、先行研究も指摘するように、実態はそれほど単純ではない。両者の間には、共通点が指摘できる。西園寺公望は、「幣原のやっているのは強硬外交だ」（『外交五十年』）と喝破したが、それはある意味、両者が同質だった点を言い当てている。

もう少し具体的にみておこう。第一に満蒙権益確保の重視である。前述のとおり、亜細亜局の対満蒙政策が一貫していることからもわかるだろう。外交は政局の外に置くという不文律を外務官僚たちは徹底した。幣原から田中に外相が交代しても、対中外交方針は亜細亜局長を中心に継続されていた。

第二に対英米協調路線である。対英協調に限っては、むしろ田中外交期の方が高まった（『東アジア国際環境の変動と日本外交』）。幣原外交期にも、英国と歩調が合わず関係が悪化したことがあった。一九二五年の五・三〇事件で英国が共同出兵を日本にもちかけてきたとき、幣原は「内政不干渉」を理由にそれを断り、英国は単独で反帝国主義を掲げる中国人民に対処する羽目になった。これに対して田中外交期は、幣原外交期以上に日英協調の可能性が高まった。それは皮肉にも、幣原が批判してやまなかった武力干渉（第一次山東出兵）を英国のボールドウィン内閣が評価したからだ（『同前』）。

第三に通商政策の進展である。田中はこれを幣原から継承した。日ソ漁業条約などで成果を上げる。

第四に中国内政不干渉である。幣原外交は当てはまるとしても、田中外交はそれと真逆だろうとの評価が多いだろう。だが田中は、東方会議前の段階では「支那の事は支那人をして自ら之を収めしむべし」（一九二七年五月一八日「支那問題報告」、枢D六〇七「枢密院会議筆記」）と、内政不干渉主義を唱えている。山東出兵を繰り返し、済南事件を引き起こしたが、それはあくまで在留邦人の生命と財産を保護するためであり、北伐への軍事的干渉の意図は、田中にはもともとなかった（『政党内閣の崩壊と満州事変』）。田中外交に非があるとすれば、河本大作ら関東軍の急進派をコントロールできなかったことだろう。

幣原にしても、漢口事件時には陸戦隊を派遣して在留邦人の保護を図っている。幣原が田中のように大規模な派兵をせずに済んだのは、幣原の外相時代には、田中の時代ほど北伐の脅威が大きくなかった面も大きい。

もちろん相違点もある。ここでは、外交政策の中身よりも、両者の人的ネットワークの構築と下僚の差配のあり方に注目しておこう。

田中が陸軍の軍政機関（陸軍省）と軍令機関（参謀本部）を母体に権力基盤を構築したのに対して、幣原は政策派閥とまでもいえない幣原派を外務省の通商局に築いたに過ぎなかった。一九二五年から翌年にかけての北京関税特別会議でも、先述したように幣原派は外務省のなかで機能しなかった。幣原の人的ネットワークの脆弱《ぜいじゃく》性と下僚差配の不完全さは、こののちの第二次幣原外交で顕在化する。その最たるものが、満洲事変時の組織的対応となる。

田中内閣は張作霖爆殺事件を全面的に解決できず、一九二九年七月二日に総辞職する。だが、幣原にとって最大の試練となる一大局面も、目前に迫っていた。満洲事変である。

第5章　満洲事変と第二次幣原外交

1　中国「革命外交」との対立——ルールとの乖離

浜口内閣の成立——二度目の外相就任

田中義一内閣の総辞職後、組閣の大命は憲政の常道に基づき、反対党の民政党総裁浜口雄幸に下った。浜口は一九二九年（昭和四）七月二日午後九時、大命拝受からわずか八時間で組閣し、外相には幣原喜重郎を据えた。第二次幣原外交の幕開けである。

浜口と幣原は大阪中学校からの盟友の仲である。総理として国政をあずかる浜口はもちろん、外交の側面から浜口を、そして日本の政治を支えるよう託された幣原も、大いに意気込んだ。浜口内閣は、軍縮、財政整理、金解禁の断行などの計一〇項目からなる施政方針を発表し、その第四項に「対中国外交の刷新」を掲げた。

当時の日中関係は、緊張の度を増していた。北伐の完成以来、後で詳述するように国民政府による革命外交が日中関係を混乱に陥れていたからである。

幣原も日中関係の改善を重視した。その対応の一環が、自らの右腕である佐分利貞男の駐中国公使起用だった。佐分利はすでに駐ソ連大使に内定していたが、浜口内閣組閣後、幣原が駐中国公使として赴任するよう依頼したのである。大使から公使への降格人事であり、もともとフランス通で中国問題の専門家ではない佐分利だったが、中国公使のポストがこの時期の日本外交のなかでいかに重要かをよく理解していた佐分利は、それを厭《いと》わず引き受ける。

浜口雄幸（1870～1931）

一方で幣原は外務次官に吉田茂を起用した。前田中内閣からの留任である。吉田が田中内閣の次官に就任したのは、吉田自らの売り込みの成果だった。東方会議を通じておおらかな性格の田中に惚れた吉田は、自薦してまで次官の椅子を手に入れたのである。

田中にすり寄った吉田の更迭もあり得たが、幣原は外交政策の継続性を重視して吉田を次官として据え置いた。もともと幣原とそりが合わず、更迭を覚悟していた吉田にしてみればまさかの留任だった。意気に感じないわけがない。これを機に吉田も幣原を支えることに腐心する。

ロンドン海軍軍縮条約——盟友浜口を支える

返り咲いた幣原がまず取り組んだのが、一九三〇年一月から四月にかけて開催されるロンドン海軍軍縮会議の準備作業だった。ワシントン会議で未解決になっている巡洋艦、駆逐艦、潜水艦などの補助艦の制限について討議し、軍縮条約を締結することが目的だった。

日本全権には、元首相の若槻礼次郎、海相の財部《たからべ》彪《たけし》、駐英大使の松平《まつだいら》恒雄《つねお》、駐ベルギー大使の永井松三が選ばれ、幣原は外相として本省から交渉を支える。井上《いのうえ》準之助《じゅんのすけ》蔵相の緊縮財政と、幣原外相の協調外交を政策の両輪とする浜口内閣にとって、軍縮は両政策を実現するために、達成させねばならない最重要課題だった。

実際の交渉は難航した。対英米比率七割を主張する日本と、それを六割に抑えたい米国とはなかなか折り合わず厳しく対立し、困難な交渉を強いられる。

そうしたなか、若槻と松平の働きが際立っていた。米国全権で上院議員のデビット・A・リードとまさに膝詰めの交渉を行い、日本が保有する補助艦全体の対米比率を六九・七五％に設定する妥協案を、最終的に米国側から引き出す。

細かくみれば、大型巡洋艦の対米比率や建造計画に不満が残ったり、潜水艦保有量が日本側の当初希望よりも低く抑えられたりといった問題もあった。海軍軍令部はこれを問題視して反対したが、受け入れを強く勧める幣原からの助言もあって、浜口内閣は大局的見地から妥結を決意する。

妥結にいたるまで、幣原は駐日米国大使のウィリアム・R・キャッスルと綿密な打ち合わせを繰り返して、受け入れに当たって奔走した。キャッスルから得た情報を踏まえつつ、会議を成功に導くために、幣原は本省から的確な訓令を与え続けた（『幣原喜重郎と二十世紀の日本』）。

四月一日、浜口内閣は妥協案受け入れを海軍首脳部にも示して閣議決定し、全権に受け入れを打電した。四月二二日、ロンドンのセント・ジェームス宮殿で条約は調印された。

だが、ロンドン海軍軍縮条約はその後の批准をめぐっては難航する。いわゆる統帥権干犯問題が起こったからである。軍令部長の加藤寛治《ひろはる》が天皇に上奏するまで事態は進展したが、幣原は議会で繰り返し説明し、批准に向けて尽力した。枢密院による審査委員会でも議論は紛糾したが、浜口の強いリーダーシップによってそれを乗り切り批准にまで漕《こ》ぎつけた。国際協調を旨とする幣原外交の一大頂点のときであった。

革命外交への直面

幣原が次に取り組んだのが日中関係の改善である。中国との関係は、難しい局面に陥っていた。北伐の完了以来、国民政府は、列国との間に締結されてきた不平等条約の一方的な破棄を宣言し始めたからである。これは革命外交といわれ、不平等条約の締結によって失った利権を回収しようとするものだった。当然ながら、日本にも強硬な態度で臨んできた。

この事態に対処するために、一九三〇年一〇月から翌年一月にかけて、幣原は思い切った省内人事に着手する。その範囲は、外務次官を吉田から永井松三（一八七七年生／一九〇二年第一一回試験合格）に、亜細亜局長を有田八郎（一八八四年生／一九〇九年第一八回試験合格）から谷正之に、欧米局長を堀田正昭《ほったまさあき》（一八八三年生／一九一〇年第一九回試験合格）から松島肇《まつしまはじめ》（一八八三年生／一九〇七年第一六回試験合格）に、条約局長を松永直吉《まつながなおきち》（一八八三年生／一九〇八年第一七回試験合格）から松田道一《まつだみちかず》（一八七六年生／一九〇一年文官高等試験合格）に、情報部長を斎藤博《さいとうひろし》（一八八六年生／一九一〇年第一九回試験合格）から白鳥敏夫（一八八七年生／一九一三年第二二回試験合格）にと、主要部局のほぼすべてに及んだ。

交代しなかった主要ポストは、通商局長の武富敏彦《たけとみとしひこ》（一八八四年生／一九一〇年第一九回試験合格）と文化事業部長の坪上貞二《つぼかみていじ》（一八八四年生／一九一二年第二一回試験合格）だけである。とくに、亜細亜局長、条約局長、情報部長の三人事に関しては、幣原の独断による未曽有の全面更迭だと、新聞が報じるほどの衝撃だった（『東京日日新聞』一九三〇年一一月一日付夕刊）。この布陣で、幣原は革命外交への対処を試みる。

他方、中国国民政府で対日折衝を担ったのが、新たに外交部長に就任した王正廷《おうせいてい》である。日本留学経験のある親日的な前任の黄郛《こうふ》では日本に対して強く出られないだろうと見越した国民政府は、済南事件後の一九二八年六月、黄に代わり米国留学経験があり親米的な王正廷を起用していた。

王による革命外交は、国際世論を味方に付けることから始まった。まず米国の支持を取り付けた王は、日本による山東出兵を国際連盟に提訴し、中国への理解を示す委員に働きかけて、連盟からの理解と助力を求めた。事実、中国への国際的な援助は、日本としても決して無視してばかりはいられない事態が生まれつつあった。

幣原が自らの右腕として全幅の信頼を置く佐分利を駐中国公使として派遣したのは、こうした状況への対応からだった。佐分利は着任早々、外交部長の王正廷はもちろん、財政部長の宋子文《そうしぶん》、さらには蔣介石などの要人と会談して、満蒙問題などの難しい分野は後回しにして、関税自主権回復などの通商協定の整備や治外法権の撤廃といった協力可能な分野から日中の関係改善を図りたい、という趣旨の了解（満蒙問題の棚上げを暗に了解し合ったという意味から、以下、「暗黙の了解」）を取り付けた。

佐分利公使の怪死

佐分利は中国との交渉方針を外務本省と綿密に協議するため、一九二九年一一月二〇日、急遽帰国した。佐分利は外務省幹部会議で了承を得、さらには幣原からの決裁と宮中の同意を得ることに成功した。よほど深く安堵したのだろうか、北京に帰任する前に、神奈川県逗子で一日舟を漕いで遊んでくると幣原に告げて、一一月二七日、佐分利は東京を発った。佐分利の帰任を待って、新たな対中国政策が実施されるはずだった。

ところが佐分利は不帰の客となる。一一月二九日の朝、宿泊先の箱根宮ノ下富士屋ホテルで謎の死を遂げたのである。富士屋ホテルは佐分利の常宿だった。ピストルで頭部を撃ち抜かれていたが、自殺説、他殺説が入り乱れ、真相はわからない。幣原は大いに驚愕し、深く落胆した。「若くして死んだからいうのではないが、彼はすでに有数な働き手であったし、有為の資質を備えて将来を期待されていたのに、実に惜しいことであった」（『外交五十年』）と回想するように、この事件はその後も幣原を苦しませる。

佐分利貞男（左）と王正廷

第一次幣原外交時に通商局第三課長だった石射猪太郎に言わせれば、「結局佐分利という者があの人〔幣原〕の機構の総《す》べて」であり、「三国志の劉備《りゅうび》と孔明《こうめい》との水魚の交り、それは取りもなおさず幣原、佐分利の交りであった」。幣原にとっては「手足をもがれた程の打撃」だった（『幣原喜重郎』）。

佐分利の後任を指名する必要に迫られ幣原は小幡酉吉を起用する。小幡は長年の中国在勤経験に加え、政務局長としての実績も十分で後任として最適だった。幣原は国民政府のアグレマン（外交官の着任に先立って派遣先の国家が与える同意）を求めた。

だが、予想に反して国民政府はこれに難色を示した。小幡はかつて対華二十一ヵ条要求が提出された際、在中国公使館のスタッフとしてこれに参画したというのが理由である。幣原は、これを中国の「露骨な侮蔑《ぶべつ》政策」の極みだと反発した（『外交五十年』）。幣原の懸命の説得や説明にも国民政府は応じない。さらに悪いことにこれに端を発して、中国国内世論も排日の空気が高まり、それに反応した日本国内にも対中国強硬論が浮上してきた。

幣原は小幡の駐中国公使を諦め、上海総領事の重光葵（一八八七年生／一九一一年第二〇回試験合格）に大使館参事官を兼任させる。さらに、参事官の資格で代理公使に任命して、佐分利のもとで施行されるはずだった、通商協定の整備を軸とした新たな対中国政策に取り組ませることにした。

佐分利の死亡事件と小幡のアグレマン問題で冷え切った日中関係の改善は、重光の双肩に重くのしかかることとなる。

日華関税協定

一九三〇年一月、重光は中国政府との間で協議を再開した。前述の「暗黙の了解」の方針のもと、まずは関税協定の協議から着手する。

北京関税特別会議では、一九二九年一月から中国の国定関税率の導入が認められていた。国民政府の北伐完成による全国統一後、米国は率先して中国の関税自主権を承認し、ドイツ、イタリア、英国も承認していた。ところが日本と中国の間には、この問題をめぐって大きな進展はなかった。日本からの輸出主力商品である綿糸布は、中国の民族産業とも競合するので、日本も慎重にならざるを得なかったのである。

ただ、中国による国定関税導入が目前に迫った以上、いつまでも手をこまねいているわけにはいかない。浜口内閣にとって、中国と協定関税を締結し新たな通商関係を構築・調整することは、緊喫の外交課題となっていた。

交渉は、重光と王正廷外交部長との間で進められ、一九三〇年五月六日に双方の署名により「日華関税協定」（日中関税協定とも）が正式に調印される。この協定により日本は、綿製品や水産物などの主要輸出品については、三年間協定税率の拘束をかけるなどの条件を付したうえで、中国の関税自主権を認めた。そのため、中国が名実ともに自主関税を実施できるようになるのは、締結から三年後とされた。

この交渉過程で重光は、国民政府の内実を次のように観察し、幣原に伝えている。実勢力のない王正廷率いる外交部は世論に迎合して急進的な政策を採用する一方、政府内では権力闘争が激しさを増し、蔣介石や財政部長で国民政府行政院副院長でもある宋子文を中心とする宋家一派の勢力が力をつけているという内容だった。

そのうえで重光は、対中国外交の遂行に当たっては、大綱以外は出先官憲に委《ゆだ》ねること、統一的態度で終始一貫して対応に当たることが重要だと述べ、自らへの権限集約を求めてい

た(一九三〇年三月一九日発重光より幣原宛電報第三二二号、『日本外交文書』昭和期I第一部第四巻、第三一二文書)。

谷正之局長の方針と幣原の距離

こうした重光の方針は、やがて、谷正之亜細亜局長との間で綿密に擦り合わされ、共有されていく。

谷が亜細亜局長に就任した一九三〇年(昭和五)一〇月は、国民政府による革命外交の勢いが盛り上がっている時期だった。その勢いはとどまることなく、一一月二五日に日本に対して漢口租界の返還を要求してきた。同様の要求は他の列国に対しても行われ、翌一二月一七日には英・米・仏など六ヵ国に翌年二月末までに治外法権を撤廃するよう期限付きで要求し、列国も中国の攻勢に対し交渉を開始する方針を示すようになる。

その背景には、この年の一〇月、中原大戦《ちゅうげん》(国民政府軍と反蔣介石を掲げる連合軍との内乱)が国民政府軍の勝利で終結し、北伐完成後の国民党による国内統一が順調に進んでいたことが挙げられる。こうした局面を前にした翌一九三一年一月、谷は「対支方針に関する件」を作成し、電報や公信ではなく私信としてしたため、上海に立ち寄る部下に託して重光に手交した(「対支方針に関する件」、外務省記録A.1.1.0.10第三巻)。

谷と重光の間で共有されたこの方針は、大臣の幣原に伝えられた形跡がない。谷は、前局長の有田がオーストリア公使として転出する直前、有田にこれを見せて大枠での賛同を得ていた。結果、それは亜細亜局内で「同様の心得にて執務」させるほどには浸透していたが、幣原に省議として諮った痕跡はない。そもそも幣原が了解していたなら、電報や公信といった公式な通信手段で伝えたはずである。わざわざ私信で、しかも部下に託送して重光に伝達したりなどしない。ともかく、「対支方針に関する件」は、省議決定された代物ではなかった。

この「対支方針に関する件」は、「第一、一般方針」「第二、満洲に関する方針」の二部構成で、「一般方針」に紙幅の多くが割かれていた。その方針は、次の六点にまとめられる。

①中国の独立を尊重する、②中国の国権回復要求を理解し列国と協調して対応する、③旅順・大連《だいれん》租借地および満鉄といった権益は論外とするも、それ以外の通商条約関係では国民政府の要求に応じ、租界も返還要求に従って放棄する、④その際、国民政府内の「穏健分子」と提携し「破壊分子」の活動を抑える、⑤中国の内政改革問題にも技術的援助を惜しまず協力する、⑥英国が「クリスマス・メッセージ」(第4章参照)を発出して以来途絶えがちな日英協調路線を復活させる。

そこには、これまでに馴染《なじ》みのない方針が並んでいた。「対支方針に関する件」は、幣原が主導してきた従来の方針とは大きく異なる内容で満ちていた。それはすなわち、幣原が志向した対米協調による国際秩序への順応を重視する方針(『日本の外交政策』)から、日中間の懸案事項を解決し日中提携を優先する方針への転換だった。ワシントン体制遵守の精神が後退しつつあったといえる。谷は中国国民政府の革命外交を前にして、従来の方針を転換しなければ対中国外交が立ちゆかないと判断していた。

幣原の革命外交観

重要なのは、この谷の方針が幣原の対中国外交方針、とりわけ彼の革命外交観とどの程度整合したのかである。「対支方針に関する件」は、外相である幣原の承認はなく、外務省として機関決定をみてはいない。前局長の有田から大枠の了解を得ただけで、私信で重光に届けられたに過ぎない。

このことは次の二点を示している。ひとつは、「対支方針に関する件」に依拠した対中外交が谷と重光の主導によって展開される素地が整ったこと、もうひとつは、その方針が幣原の革命外交観と相容れるものではなかったこと、である。

シンプルにいえば、目前の事態に現実主義的に対応しようとした谷・重光に対し、幣原が主張する従来の方針とは、国際間の秩序とルールを重んじようとする理想主義的なものであった。

では、幣原の目に革命外交はどう映ったのか。幣原は革命外交を外交文書のなかでは直截《ちょくせつ》には語っていない。だが、次の二つの発言から推し量ることができる。

前者はワシントン会議（第3章参照）で中国全権を目の前にしての対華二十一ヵ条要求問題に対する発言で、後者は第一次外相を辞して一年後の発言である。

> どの国でも他日条約を破るつもりで、自己の意思に反するその条約を締結したことを主張するのは許されない。もし自己の本意でなかったとの理由で、すでに調印も批准も終了した条約を無効とすることが認められるならば、世界の平和、安定はいかにして保障し得られるか。〔中略〕条約の神聖ということを、中国は認めらるべきである。日本はその決意によって、自らの権利を放棄することは自由であるが、中国はあくまでも条約の神聖を守るべきである。
>
> （『外交五十年』）

> 最先に因果応報の苦しみを受けたのは支那自身であった。日清戦役終局の翌年即《すなわ》ち千八百九十六年五月〔六月三日〕、支那と露西亜との間には日本を共同の敵と明示する同盟条約が締結された、〔中略〕同条約に依《よ》り支那は黒龍吉林《こくりゅうきつりん》の両省を横断して浦塩《うらじお》斯《す》徳《とく》に向う所の鉄道、即ち所謂《いわゆる》東支鉄道本線の敷設権を露国に与えたのであります。〔中略〕斯《か》くの如く支那は嘗《かつ》て其《その》味方であった露独両国政府より悉《ことごと》く裏切られ、三国干渉に依って得たる利益を奪われたるのみならず、遂に満洲及山東省の全部をも挙げて、露独両国の侵略政策に放任するの外《ほか》なきに至ったのであります。
>
> （「外交管見」）

「条約の神聖」を守らない中国を面責し、因果応報という仏教思想まで持ち出して批判している。幣原にいわせれば、革命外交は合理性を欠いた非常識な手段であった。

幣原が期待したのは、相互依存的な国際経済秩序のなかで成長していく中国であった。そうした秩序や環境に取り込まれていけば、内乱に明け暮れて荒廃している中国も、次第に財政的に立ち直り、やがては政治的にも安定してくるだろう、という期待にも似た見通しがあった。

ところが現実の中国は、税権を回復し自民族による綿産業を発展させてくると、国家としての自信を次第に回復させ、強硬な外交政策を選択するようになっていた。その意味では幣原の見通しは甘かった。

ただ、そうした期待を抱いた外交指導者は幣原だけではない。北京関税特別会議に出席した米国や英国の外交指導者たちもその点では同列だった。国際法や国際社会のルールを無視した革命外交は、当時の国際通念に照らしても常識を大きく逸脱していた。それだけに、多くの外交指導者にとって革命外交は青天の霹靂《へきれき》だったのである。

谷の唱えた方針が幣原の革命外交観と整合したかと問われれば、そうではない。自由主義的な経済活動を支える通商条約は、国際社会のルールそのものである。現実主義的な谷の構想した「対支方針に関する件」は、国際社会のルールを葬り去ろうとしている中国に対して安直で妥協的な同情を寄せているに過ぎないと、幣原の目にはおそらくは映ったのだ。

2 「堅実に行き詰まる」——日中関係への諦念

浜口の遭難——第二次若槻内閣へ

幣原にとっての試練は、さらに過重なものとなっていく。浜口が凶漢に襲われたのである。一九三〇年（昭和五）一一月一四日、幣原は駐ソ大使として赴任する広田弘毅を見送るため、朝から東京駅に来ていた。ホームで広田と言葉を交わし、まさに汽車が動き出そうとするとき、近くで銃声が響いた。撃たれたのは浜口首相だった。

浜口は岡山県で行われる陸軍演習の視察と、昭和天皇の行幸への付き添い、さらには自身の里帰りも兼ねて、午前九時発の神戸行き特急「燕《つばめ》」に乗車しようとしていた。東京駅四番ホームを歩いていたところ、浜口を統帥権干犯の元凶とみなした右翼青年に狙撃されたのだ。幣原が駅長室に駆けつけると、そこにはグッタリと横たわる浜口の姿があった。浜口は東大病院へ急送され、腸の三分の一を摘出する大手術を受けて、何とか一命を取り留めた。

翌一一月一五日、緊急閣議が開かれた。内閣官制第八条によって臨時首相代理を置くことになったが、審議は難航した。宮中席次からすれば最上席の幣原がなるべきだと、鉄道相の江木翼《えぎたすく》が提案したが、内相の安達謙蔵が党員の閣僚から選出すべきだと反対した。幣原は民政党の党籍を持っていなかったので、そうすると安達自身が代理首相となる。野心旺盛な安達だったが、政務の運営上早く選出すべきとの江木の主張が勝り、幣原を選出することで押し切った（『幣原喜重郎』）。

かくして幣原が臨時首相代理に任命された。政治的な駆け引きを好まない幣原は、その任を翌年の議会休会明けまでという条件で引き受けた。だが、二、三週間もすれば回復すると思われていた浜口の病状はなかなか上向かない。年も改まり一九三一年一月二二日に第五九議会が休会明けとなると、幣原は臨時首相代理として議会に臨まなければならなくなった。

その議会で幣原は失言する。二月三日、衆議院予算委員会で政友会の中島《なかじま》知久平《ちくへい》が、先のロンドン海軍軍縮条約では我が軍の兵力量が不足するのではないかと質問した。これに対して幣原は、ロンドン海軍軍縮条約は天皇の裁可を得ており、国防を危なくするものではないと答弁した。

このとき和服姿で傍聴席にいた森恪が「幣原、取り消せ、取り消せ！」と絶叫した。これを合図にしたかのように、政友会議員たちが幣原めがけていっせいに殺到し、「天皇に責任を帰し奉るとは何ごとか」「単なる失言ではない」「総辞職せよ」と口々に叫ぶ。結局は、二月一二日の予算総会で幣原の「失言」を取り消すとしてこの件は落着した。

だがこの一件が政局に与えた影響は大きかった。議会の運営を憂慮した浜口は、無理をおして登院を繰り返したため体調を急速に悪化させる。四月九日に再度の手術を受けて復帰は絶望的となり、一三日の閣議で総辞職が決定した。長期政権を期待された浜口内閣は、わずか一年一〇ヵ月で幕を閉じ、浜口自身も八月二六日に没した。

浜口内閣に代わって第二次若槻礼次郎内閣が組閣され、幣原は外相に留任した。幣原は、いよいよ中国問題を解決せねばと意気込んだ。

標的は日本

だが、情勢は予断を許さなかった。対中国外交の遂行はその難しさを一層際立たせていた。国民政府は革命外交を主張し、不平等条約の撤廃と反帝国主義を掲げていた。概念的にみれば、中国に利権を持つ英国やドイツといった列国全体を対象とした運動である。だがドイツはすでに既得権を返還して中国と対等な関係を築いており、英国も一九二八年一二月には中英関税協定を、三〇年四月には威海衛《いかいえい》回収協定を成立させていた。

米国も一九二九年一月に米中間に二〇〇〇万ドルにも及ぶ巨額の無線電信の借款を成立させていた。オランダも一九三〇年一月に渤海《ぼっかい》湾北岸の葫蘆《ころ》島《とう》築港に関する契約を締結して、中国への技術供与やインフラ整備に貢献するなど、革命外交に迎合するかのように積極的に中国へ接近してきた。

これらは、列国と中国による日本包囲網の形成でもあった。葫蘆島築港は大連の繁栄を奪うことを目的とした事業であり、技術供与による借款は、経済的・実業的な協業を入口にした米中の政治的な接近だと、日本側は認識していた。

日本だけが対中政策に遅れていた。一九三〇年一二月三日、王正廷外交部長は、日本は故意に治外法権撤廃交渉を遅らせていると、重光臨時代理公使を非難した。もはや革命外交のターゲットは日本一国だった。日本包囲網とでもいうべき状況に幣原は少なからぬ焦燥感を覚えた。

満鉄並行線問題

国民政府と日本の外交当局の間には、佐分利や重光が交渉してきたように、満蒙問題には当面立ち入らないという「暗黙の了解」があったはずである。だが、日本包囲網の形成によって、幣原は「暗黙の了解」を逸脱してでも、当時懸案となっていた満蒙問題、つまりは満鉄並行線問題を解決しようと試みる。

満鉄並行線とは、文字どおり満鉄に並行して走る中国民族資本による鉄道のことである。そもそも満鉄に並行する線路を建設することは、日露戦後の一九〇五年（明治三八）一二月に北京で調印された日清条約で禁止され、日中双方の了解事項だった。

しかしその解釈をめぐっては、双方間に齟齬があった。日本が、満鉄がライバル線と認めるいかなる鉄道も中国側によって建設されてはならないと主張したのに対し、中国は、満鉄の経営や価値を不当に侵害するために故意の目的で建設することはしないという意味だと主張した。

その結果、一九二〇年代半ば以降、日本の認識からみれば条約に違反した鉄道が相次いで建設される。とくに日本側が問題にしたのは、打通線（打虎山《だこざん》—通遼《つうりょう》）、吉海線（吉林—海《かい》竜《りゅう》）だった。両線は満鉄の経営を不当に圧迫するライバル線だとして、日本はかねてより抗議していた。

幣原はこの点をことさら重視していた。一九三一年七月、陳友仁《ちんゆうじん》が来日した。陳はこのとき、汪兆銘《おうちょうめい》が国民政府に対抗して広東に樹立した広東政権の外交部長だった。陳の来日目的は、広東政権が正統な政府であるとの承認を得ることだった。

幣原は、七月末から八月にかけて陳と三度にわたって面会した。その際に幣原は、一九〇五年の日清条約を引き合いに、満鉄のライバル線の建設は認められないと明言している。一向に解決に向かう気配のない満鉄並行線問題に、幣原は焦りにも似た強い不満を隠そうとしなかった。

すれ違う幣原外交

すでに幣原は、一九三〇年一二月一二日、重光代理公使と在奉天林総領事に電報を宛て、並行線をはじめとする満蒙鉄道案件解決のため、まずは満鉄に交渉に当たらせ、日中双方のメリットを提示して「共存共栄の根本義」を模索するよう指示していた（外務省記録

A.1.1.0.1-13)。同様の趣旨は、一七日に開催された、幣原と汪栄宝《おうえいほう》駐日中国公使との会談でも示された。

幣原は、①ライバル線の建設は絶対に認められないが、②国民政府と直接交渉するのではなく東北当局（張学良）と交渉する、③日本からは新たな要求は提示しない、という方針を告げた。こうした「暗黙の了解」を逸脱して、幣原が満蒙鉄道交渉に入ることを示唆したことは、結果的には、蔣介石と張学良を戸惑わせることになる。

なぜなら、中国の統一以降といえども、国民政府内では、満蒙鉄道交渉の担当が満洲を根拠とする張学良なのか国民政府の王正廷なのか、明確に定まっていなかったからである。一九三〇年一一月には満洲地域の外交、交通、財政、軍事の中央移管が決定されていたが、それがすぐに実現してはいなかった。対外交渉の窓口を一本化したとはいえ、中央（国民政府）と東北（張学良）との間に、満蒙鉄道事業の管轄をめぐって激しい駆け引きがあった（「満蒙危機と中国側の対応」）。

翌一九三一年一月二二日、幣原の意向を受けて木村鋭市満鉄理事と張学良との間で交渉が開始されたが妥結にはいたらなかった。

幣原が「暗黙の了解」を逸脱してまで解決を試みた満鉄並行線問題は、解決をみないまま、やがて満州事変を迎えることになる。

「堅実に行き詰まる」――日中両国の関係破綻、やむを得ず

他方で、もうひとつの重要案件である治外法権撤廃交渉が重光と王正廷外交部長との間で再開されたのは、一九三一年三月のことだった。

その重光が、四月二四日に突然一時帰国する。その一〇日前の四月一四日、重光は王正廷を訪れ、王が発表したばかりの革命外交プログラムについて懇談していた。そこでの説明では、中国側の要求する租借地回収には旅順、大連などの関東州も含まれる、鉄道利権の回収には満鉄も含まれるというものだった。王正廷は、「暗黙の了解」に依拠することなく、満蒙にも手を入れ、自らの提唱する革命外交プログラムを実施する方針を伝えていた。重光の急遽帰国は、その重大性を外務省首脳部と共有し、対応について協議するためだった。

重光は、革命外交プログラムを詳細に報告した。その席で重光は、急進的な革命外交プログラムによって満洲の張学良も排日政策を強化する可能性があること、それを阻止することは不可能であること、この情勢に対処するためには、比較的重要ではない蘇州《そしゅう》・杭州《こうしゅう》の居留地をただちに中国に返還して、日本の好意を示すことが適当であると主張した。

重光 葵（1887〜1957）

ところが、幣原をはじめとする外務省首脳部は、当初これを条約の変更と受け取り、枢密院の審議などを理由に消極的

な反応を示す。重光は、満洲の現状と軍部の態度をみれば早晩衝突は避けられないと危惧を述べ、第一に軍部の態度を鎮めて世論を善導し、第二に連盟に問題が取り上げられないよう日中二国間での解決に努めること、第三に日中間交渉の行き詰まりがやむを得ず国際社会で取り上げられる場合は、事前にあらゆる外交上の手段を講じておき、「堅実に行き詰まる」、つまりいずれ近い将来日中両国が衝突にいたった際、日本の方にこそ正当性がある、なぜならやるべきことはやりきったと対外的に説明できるものでなければならない、と意見を述べた。

この「堅実に行き詰まる」という方針は、幣原と谷亜細亜局長にも受け入れられた。「堅実に」を合い言葉に、三人は大臣室で互いに固く握手をして別れたという（『重光葵外交回想録』）。重光が任地の南京に向かって東京を発ったのは四月二九日だった。

「堅実に」を合い言葉にしたこの方針は、日中間の関係改善を模索し実践するための政策ではない。両国の衝突と関係の破綻をやむを得ないと捉えたものである。半ば諦念《ていねん》を伴う後ろ向きの政策だ。それは、自己の取り組みを正当化させて、国際社会に理解を求めるための方便として了解されていた。国際社会からの信頼を繋ぎ置くために重光が編み出した苦心の末の方針だった。

ところが、事態は急転する。重光の苦心を嘲笑《あざわら》うかのように、満洲事変が勃発したからである。

3　関東軍の暴走、協調外交の挫折

九・一八の衝撃

一九三一年（昭和六）九月一八日夜、満鉄の奉天（現瀋陽《しんよう》）駅から北方へ約八キロの柳条《りゅうじょう》湖《こ》付近で、満鉄の線路が爆破された。線路の軌道が数十センチ爆破されたものの、その直後に列車が無事に通過しているので、被害は軽微なものに過ぎなかった。

ところが、満鉄付属地に駐屯していた関東軍は、突如いっせいに軍事行動を起こし、南満洲の重要都市を占領し始めた。満洲の政治経済の中心地である奉天の三〇余万の市民は、一夜明けると、張学良の根拠地である奉天城の城頭に日章旗が翻るのを目にする。関東軍は満鉄の線路爆破を中国兵の仕業だと発表した。

だが、周知のように満鉄の爆破は関東軍による自作自演の策謀だった。事件の首謀者である石原莞爾《いしわらかんじ》や板垣征四郎《いたがきせいしろう》は、ソ連の軍事力の充実ぶりを警戒し北方の防御を憂慮していた（『近代日本外交と「死活的利益」』）。さらに石原は、張学良が蔣介石との連携を深め反日的色彩を強めたことで、満洲問題を外交によって解決することは困難だと認識し、日本の支配によって満洲の地に安定と秩序を創り出すことが中国民衆にとっても「幸福」だと、考えるようになっていた。この考えを基に、満洲の軍事占領を開始したのだ。

幣原が事変の第一報に接したのは、事件の翌朝、駒込の自宅でだった。朝食の卓上で目を落とした新聞に、事件の記事が掲載されていた（『外交五十年』）。報道で認識したのである。すぐさま登庁し、続々と到着する電報に目を通し始めた。

奉天総領事の林久治郎《はやしきゅうじろう》（一八八二年生／一九〇六年第一五回試験合格）から事件の第一報が外務省に入ったのは、九月一九日未明のことだった。続々と届く林からの電報には、軍部の計画的行動を疑う見解が述べられていた。幣原は軍に対して一抹の疑念を抱いていた。

幣原は首相官邸に駆けつけ若槻に臨時閣議の召集を要請した。一〇時からの閣議では、南次郎《みなみじろう》陸相に参謀本部と関東軍に連絡して正確な情報を収集するよう求め、政府は不拡大方針を決定する。この方針は、九月一九日午後二時から開催された陸相の南、参謀総長の金谷範三《かなやはんぞう》、教育総監の武藤信義《むとうのぶよし》による陸軍三長官会議でも、「速《すみやか》に事件を処理して旧態に復するの必要あり」と了解された。三長官は不拡大方針に理解を示していた。

だが、陸軍三長官下のナンバー・ツーの三人は、これに大いに不満だった。陸軍次官の杉《すぎ》山元《やまはじめ》、参謀次長の二宮治重《にのみやはるしげ》、教育総監本部長の荒木貞夫《あらきさだお》の三名は、翌九月二〇日午前一〇時から会議を開き、「軍部は此際《このさい》満蒙問題の一併《いっぺい》解決を期す。若《も》し万一政府にして此《この》軍部案に同意せざるに於いては之に原因して政府が倒壊するも毫《ごう》も意とする所にあらず」と、不拡大に反対する方針を確認した（『満州事変』）。

陸軍上層部は決して一枚岩ではなく、内閣は軍内部に重大な背反要因を抱えたまま事態の収拾に乗り出したのである。幣原外交に暗雲が深くたれ込みつつあった。

幣原への国際社会の信頼

奉天郊外で起こったはずの事変は、奉天とは無関係の各地へ急速に広がっていく。九月二〇日、関東軍は吉林への派兵を決め、二一日午後九時には、朝鮮軍司令官の林銑十郎《はやしせんじゅうろう》によって派兵された朝鮮軍の第一列車が奉天に到着すると、以後も続々と押し寄せた。これは「奉勅命令下達まで見合されたし」という、金谷参謀総長の電報を無視した林による独断だった。

ジュネーブの国際連盟は、当初この事変を局地的な紛争とみていた。不拡大方針を掲げる日本政府声明が九月二四日に発表されると、連盟は三〇日に理事会を開催し、撤兵を要求する第三項を含む全九項目を決議した。撤兵を日本に要求したとはいえ、事態をそこまで重大視していなかった連盟は、日本を批判しつつも、日中間の局地的紛争だと解釈していた。

日本政府は、在留邦人の生命の安全と財産の確保が保証されれば軍隊を鉄道付属地内に撤退させると声明を発していた。ジュネーブの代表も日本政府の声明に基づいた発言をし、信頼を得ていた。それはひとえに幣原外交への信頼の表れでもあった。

とりわけ、米国国務長官ヘンリー・L・スチムソンの幣原に対する信頼は厚かった。スチムソンは事変直後の九月一九日の記者会見で、満洲での日本軍の行動を局地紛争と理解し、不戦条約に違反するとは考えないと声明していた。国務省極東部長のスタンリー・K・ホーンベックも、同様の見解を示していた。

このような情勢下、国際社会は中国に対して冷淡だった。中国の連盟代表である施肇基は、連盟事務総長ジェイムス・E・ドラモンドに対して、連盟規約第一一条に基づく理事会の即時開催と明確かつ有効な方法を講ずるよう要求した。だが理事会は、当事国の誠意を基礎とした事件解決を望むとの議長声明を九月三〇日に決議し、総会もまた理事会の努力に期待するとの総会長の見解を述べるにとどまった。理事会の次回再開は、一〇月一四日と決まった。

連盟の中国に対する冷淡な対応は、日本にしてみれば望ましい展開だった。重光は九月一九日に、財政部長の宋子文と会談した際、日中直接交渉方針を要望していた。また、幣原もその方針を認めていた。日本はこの問題への連盟の介入を避け、日中両国の直接交渉で解決すべきという主張で一貫していた。このまま事態が収束していけば、大きな国際問題になど、なるべくもなかった。

拡大する事変、追い込まれる幣原

ところが一〇月八日、そうした楽観論が打ち砕かれる事態が起こる。日本軍の軍用機が錦《きん》州《しゅう》を突如爆撃し、国内外に大きな反響をもたらしたのである。錦州は奉天から南西に二〇〇キロ以上も離れた遠隔の地である。日本人の生命財産の保護が達成されれば撤兵するという日本政府声明とかけ離れた関東軍による軍事行動だった。

幣原の手腕に期待をかけていたスチムソンもこれには驚愕した。出淵駐米大使を呼び出し、日本政府の方針が果たして出先に徹底しているのか疑わざるを得ないと注文をつけたほどだった。さらに、スチムソンは、連盟が日本に不戦条約を適用するならば、米国も審議に参加する方針を固めた。英国、フランス、イタリアの各国大使も、幣原に抗議した。

理事会の早期開催を要求する中国の希望により、予定を一日早めて一〇月一三日に再開された理事会で、米国のオブザーバー参加が日本の反対を押し切って一〇月一五日に可決された。米国代表は、不戦条約の適用問題に関する審議に参加し、それ以外の議事にはオブザーバー参加するという了解が取り付けられたのである。理事会の重みが一層増すことになった。

この事態に日本外務省が取った対策は、新たな撤兵条件を設定した「五大綱目」（大綱協定）の提出だった。「五大綱目」では在留邦人の生命財産の確保と安全が保証されれば撤兵するという従来の方針を変更し、満洲問題で日中間での大きな懸案だった満鉄並行線問題の解決を新たに含めて、撤兵条件を大きく吊り上げていた。これが一〇月九日に閣議決定され、一三日に連盟事務局長の沢田廉三に訓令電として宛てられる。当然ながら中国は強く反発し、理事会の空気も日本への不信を一気に深める。幣原外交はその解決の糸口を自ら閉じて、次第に追い込まれていく。

一三対一

日本の新しい提案に対して、理事会はひとつの決議案を作成する。それは日本が次回の理事会開催予定日である一一月一六日までに撤兵を完了すれば、満鉄並行線問題に関する日中間の直接交渉を理事会が保証するという内容だった。日本の主張する鉄道問題の解決を撤兵条件とする案とは、真逆の提案だった。

結局、主張は折り合わず、一〇月二四日の理事会で二つの案が採決にかけられた。最初に日本案が採決にかけられ、一三対一で否決された。賛成票を投じたのは、むろん日本である。ついで理事会案の採決に移った。その結果は、賛成一三対反対一だった。反対票を投じたのは、日本だけだった。

理事会決議は全会一致を原則としているので、形式的には両決議案とも否決され、効力を持つことはなかった。しかし一三対一の票決に加え、米国が理事会案に賛成の意を示したことは、否決されたとはいえその決議の重みを一層増すことになった。

連盟重視と亜細亜派

幣原率いる日本外務省は、連盟への対応を決して軽視していたわけでない。むしろ、邦人保護や輿論啓発(在中メディアの対日輿論の善導)といった他の重要な案件よりも、連盟対応を優先させていた。国際社会との協調を掲げる幣原外交にとって、連盟理事会への対応は最重要だった。日本の主張が国際社会で認められるか否かは、理事会での議決にかかっていたからだ。

事実、幣原は邦人保護と輿論啓発に関する政策決定には、まったくといっていいほど関与しなかったが、連盟対応問題の政策決定には積極的に関与した。文書処理のあり方は、幣原にとっての事変対応とは連盟対応に等しかったことを示している（「満洲事変における幣原喜重郎外相のリーダーシップ」）。

これら三つの問題に対する外務省の対応の違いは、連盟事務局や中国の外交官から送られてくる電報（来電）の処理の仕方の違いとなって表れている。とりわけ連盟対応についての意思決定過程は特徴的で興味深い。連盟対応に関する訓令電報などの往電は、亜細亜局第一課が起案し、決裁過程で情報部、条約局と合議するという方法を採用している。条約局を取り込んで合議した点が重要だろう。これは、「五大綱目」の第五項が連盟規約第一〇条に抵触するおそれがあり、その対応が求められたからだった。

だがこのことは、連盟への対応で幣原がリーダーシップを発揮したことを意味しない。この問題への対応を省内で主導したのは、亜細亜局長の谷正之だった。

谷は、満蒙権益の特殊性と正当性を主張する「亜細亜派」であり、「堅実に行き詰まる」よう対中国外交の舵取りを担うと同時に、陸軍とも通じていた。その谷が取った方針は、「五大綱目」提出後、撤兵条件をさらに吊り上げながら、原理的に「行き詰まる」よう日本の対中国外交を展開することだった。

「五大綱目」提出後、日本は撤兵条件をさらに吊り上げる。その点でとくに重要なのが、再開理事会への対応策を示す訓令電報である。それは第一九四号電として、一九三一年一一月一五日に幣原から沢田廉三連盟事務局長に宛てられた（以下、第一九四号電、外務省記録A.1.1.0.21-12-1第三巻）。

第一九四号電は、次のように処理された。守島伍郎（亜細亜局第一課長）が起案し、谷正之（亜細亜局長）、松田道一（条約局長）、白鳥敏夫（情報部長）、永井松三（次官）の順で回付・閲読され、最後に幣原（外相）が決裁している。

注目すべきは、電報の全般にわたって修正が施されたことである。

亜細亜派としての谷正之と逆説としての外務大臣

では、いったい誰が修正を施したのか。結論からいえば谷である。

修正文の筆跡は谷であり、当時の谷の対満蒙政策観との関連が指摘できる。それをうかがい知ることができるものとして「満蒙問題解決方策の大綱」がある。これは、満洲事変の三ヵ月前、一九三一年六月一九日に陸軍省と参謀本部の五課長によって決定された方策である。

その内容は、「満洲問題の解決」には内外世論の支持と理解が不可欠であり、それを得るには約一年間を要するので、満洲での実力行使（武力発動）をそれまで起こさぬよう関東軍に自重を促すというものだった。だがその一方で、万が一にも日本が軍事行動を起こした場合には、列国に日本の決意を了解させ、不当な反対や圧迫を受けないよう、事前に周到に工作しておくことも明記されていた。谷は「満蒙問題解決方策の大綱」の作成に関与し、強く同調していた。この時期の谷は、陸軍中堅層と日頃より頻繁に情報をやりとりする関係にあったのである。

この点を踏まえて、第一九四号電の修正内容をみてみよう。各修正の要点は、ⓐ日中不可侵及領土保全は日本から中国への「恩恵」であり、他の項目は当然の要求である、ⓑ南京政府もしくは地方政権との交渉は不可能であり、日中の直接交渉へ連盟が介入することは拒否する、ⓒ現地の事態進展をうけ、地方治安維持会の責任（日本側の「自主的認定」）で撤兵する、というものである。

この修正箇所ⓐⓑⓒを「満蒙問題解決方策の大綱」と重ね合わせると、次のような見解が浮かび上がる。すなわち、やむを得ない場合の「軍事行動」が発動されたからには、連盟による直接交渉への介入（「不当な反対や圧迫」）を拒否するという見解である。第一九四号電は「満蒙問題解決方策の大綱」の趣旨を下敷きにして修正されたと解釈できる（「満洲事変における幣原喜重郎外相のリーダーシップ」）。

谷による修正に幣原が異見を唱えたり書き込んだりした形跡は一切ない。幣原は、谷による修正をそのまま了承し決裁したことになる。

欧米派の幣原は、亜細亜派である谷の政策に同調し、リーダーシップを十全に発揮しなかった。換言すれば、亜細亜派と欧米派の両政策派閥間の懸隔はこのときある程度解消され、従来ほど鋭く対立しなくなっていた。なぜなら、幣原自身「満鉄第一主義」を掲げ、満蒙権益の確保を政策課題の第一に掲げていたからである。政策派閥が亜細亜派に一元化されつつあったとみるべきだろう。

重要電報の処理過程の分析からは、陸軍と協調的な谷に押し切られ、積極的に決裁に関与しない幣原像が浮かび上がる。協調外交が挫折した一因はこの点にあった。

幣原は、次官としてよりも大臣としての方がリーダーシップを発揮できなかったという、「逆説としての外務大臣」であった。

溥儀擁立への抵抗

幣原が外務省内でリーダーシップを発揮しきれずにいる頃、満洲の関東軍はさらなる暴走を重ねていた。これまで南満洲に限定されていた軍事占領を北満洲にまで拡大させたのである。南満洲と異なり、北満洲には日本の権益は存在しないが、一一月一九日には北満洲の要衡のひとつチチハルを占領した。

これに先立つ一一月一〇日、関東軍は清王朝最後の皇帝溥儀《ふぎ》を天津の日本租界から連れ出し、溥儀を首班とする満洲の分離、新独立政権樹立の準備を始めた。

この陰謀を事前に察知した幣原は、一一月一一日に在天津総領事の桑島主計《くわしまかずえ》（一八八四年生／一九一一年第二〇回試験合格）に訓令を発し、その中止を命じた。溥儀を担ぎ出すことは、満洲に独立国の建国を計画しているとの疑惑をかけられる。断じて反対するという趣旨だった。しかし、奉天特務機関長の土肥原賢二《どひはらけんじ》は、桑島の説得など歯牙《しが》にもかけなかった。

理事会の開催を直後に控えているこのタイミングでの日本による溥儀の連行は、国際世論を極度に悪化させるのに十分だった。米国務長官スチムソンの淡い期待も完全に打ち砕かれ、裏切られた失望だけでなく、不信感を抱くようになった。

幣原に対する痛烈な批判は、国外からだけではなく、身内である在外の外交官からも寄せられるようになった。二転三転する日本の方針によって、対外信用が急激に失墜する情勢に我慢ならなかったのである。

たとえば、駐オーストリア公使の有田八郎は、理事会の再開を目前に控えた一一月一三日、連盟事務局経由で幣原に電報を宛てている。有田はそこで次のように述べて、失望と憤懣《ふんまん》を隠そうとしなかった。

> 今次事件発生以来の経過を按《あん》ずるに、第一事件の発端たる満鉄線の破壊に関し、東京と奉天との間に外部に対する説明振りに付打合を遂げざるべからざりしが如きは、本官等の了解に苦しむ所なり。左《さ》り乍《なが》ら、斯《かく》の如き事は暫《しばら》く之を措《お》くも、例えば撤兵に関し当

初は生命財産の安固を確保するに至れば遅滞無く撤兵すと称し、中頃に至りては基本条項に関する協定成立するに非ざれば撤兵出来ずと主張し、最近に至りては支那側の地方自治機関の実勢力を各地方面にも波及するを待ちて撤兵する外《ほか》無かるべし、と称するが如きは、日本側よりすれば、単に同一事項の言い表わし方の相違に過ぎず、仮に多少の相違ありとするも〔中略〕之等《これら》微妙の説明は到底外部を納得せしめ難く、結局世界をして日本の云う生命財産の保護云々《うんぬん》は、懸案解決の為にする保障占領並《ならびに》自己に都合良き政権の確立を期せんとする口実に過ぎずとの感を抱かしめ、説明すればする程、其疑念を深むる傾向あるは、誠に遺憾に堪えざる所なり。〔後略〕

(『日本外交文書』満洲事変、第一巻第一冊、第一七四文書)

だが、有田の提言は、幣原や谷には響かなかった。実は、この二日後に幣原が連盟事務局に宛てた先の第一九四号電の末尾には、次のような一節があった。幣原は、満洲事変の原因は、ひとえに国民政府が展開した革命外交にあるとして、その非を声高に主張していたからだ。

今日の日支紛争は、支那革命外交の暴状が連盟規約、不戦条約の規定に正面より抵触することを巧に避けつつ、其《その》精神を蹂躙《じゅうりん》して組織的に逐次《ちくじ》列国権益の侵害、駆逐を計り、

結局満洲に於ける我が重大権益を根抵《こんてい》より覆さんとする迄《まで》に及びたるに端を発したるものなる処〔後略〕
（外務省記録 A.1.1.0.21-12-1 第二巻／『日本外交文書』満洲事変、第一巻第三冊、第五四四文書）

かつて重光と外務省幹部との間で了解された「堅実に行き詰まる」という方針がここに活かされた形跡はない。幣原や谷は、革命外交によって日本は揺さぶられいわれなき不利益を被っているという認識に固執していた。その不利益を被っている最たるものが、満蒙鉄道権益だった。

不満と焦りの念に駆られた幣原は、かつて自らの右腕であった中国公使の佐分利が国民政府と交渉して取り付け、後任の重光も踏襲した「暗黙の了解」を逸脱し、一九三一年初頭から満蒙鉄道交渉に入っていた。だが、利権回収熱の高まる中国民族ナショナリズムの前に、挫折をみたことになる。幣原外交は、革命外交によって強く揺さぶられ、満洲事変への対応で失策を重ねて、その行き先を見失ってしまっていた。

幣原の新たな提案

一一月一六日から再開された連盟の理事会は、ジュネーブではなくパリで開かれた。このとき、関東軍の北満洲進出によって日本の孤立はさらに深まっていった。一方の中国代表は、連盟が危機へ十分に対応していないとして、その無力さを非難していた。

ここで幣原はある提案をする。前日に第一九四号電で訓令したばかりだったが、理事会再開に向けて、連盟による現地調査団の派遣を新たに提案したのである。連盟の調査団派遣は、満洲事変当初から中国が主張し連盟も支持してきた。だが連盟の関与を拒否し、日中直接交渉を主張する日本の強い反対で実現にいたっていなかった。幣原はそれを提案したのである。日本なりの妥協策だった。

ただし、幣原はそれに二つの条件を付けた。第一に調査団のメンバーは大国のみに限定する、第二に調査の対象を現地の満洲のみならず中国全土とすることであった。

この条件には大きな狙いがあった。ヨーロッパ小国の代表の多くは自国の安全保障を連盟に期待したため、連盟規約の厳格な適用を主張していた。そうした小国をメンバーに加えることは日本が不利になる。それに反して植民地や権益を保持し、その維持と運営に汲々《きゅうきゅう》としている英国やフランスなどのヨーロッパの大国に期待をかけた。

その根底には、同様の悩みを共有し、日本の満洲進出に対して理解を示してくれるのではないか、アナーキーな隣国を持つ日本の行動を正当化してくれるのではないかという期待、さらには中国共産党の跋扈《ばっこ》する脅威を大国が理解すれば、満洲事変に防共の性格や意義を見出してくれるのではないかという観測が働いていた。

一二月一〇日の理事会は調査団派遣決議を全会一致で採決し、満洲事変の解決は約六ヵ月間の調査を予定した調査団の報告書提出を待つことになった。

この間に、ある〝事件〟が起こっていた。一一月二九日付夕刊各紙がスチムソン談話を掲載した。それは、関東軍が錦州攻撃を計画していることについて日本政府に警告したところ、錦州攻撃中止の確答を幣原から得た、という内容だった。これが、スチムソンに屈し、軍の機密情報を漏洩したとの批判に繋がり、幣原に大きなダメージを与えていた。

幣原外交の終焉

結局、幣原が外相として英国のヴィクター・アレグザンダー・G・R・リットンを代表とする調査団を受け入れることはなかった。第二次若槻内閣は一二月一三日に閣内不一致で倒れたのである。二期、計五年三ヵ月にわたった幣原外交の終焉《しゅうえん》だった。五九歳のときである。

同日、野党政友会の総裁犬養毅が内閣を組閣した。外相に就任したのは、駐フランス大使で連盟代表として満洲事変処理に奮闘した芳沢謙吉である。芳沢は、犬養の女婿でもあった。芳沢はシベリア鉄道経由で満洲を抜け、現地の物々しい空気に触れて帰国した。

外相に着任した芳沢の最初の大仕事は、翌一九三二年一月末に勃発した上海事変の処理だった。それに忙殺されるなか、二月二九日に調査団が東京に到着した。犬養内閣はリットン調査団を最大の歓迎陣で迎えた。だが、三井財閥の総帥団琢磨《だんたくま》が主催した歓迎会翌日、その団が右翼の銃弾に倒れ暗殺されるテロが起きた。リットンは深い衝撃を受け、上海に渡っていった。以後、リットン調査団は、首都南京、北平《ぺいぴん》（北京）を経て満洲へと向かった。

そのリットン調査団が七月に再び来日した際、リットンを迎える犬養の姿はなかった。五・一五事件で落命していたのである。政党内閣は潰え、後継として海軍出身の斎藤実が挙国一致内閣を五月二六日に組閣していた。外相には、満鉄総裁として大陸の空気をたっぷり吸い、すっかり親軍的になった内田康哉が就任していた。

革命外交の余波と市場の縮小

幣原外交が行き詰まった最大の原因は、東アジア情勢の劇的な変化だろう。

北伐が開始されて以降、中国政局の流動性は一気に高まった。済南事件、北伐の完成、張学良による蔣介石への帰順、革命外交の昂揚《こうよう》、中国民族による利権回収熱の高まり、そして満洲事変の勃発。「堅実に行き詰まる」しか日本外交に残された途はないと、重光の懸念したことが、現実になったのである。満洲事変は、その行き詰まりの表れにほかならない。

では、その行き詰まりは、果たして「堅実」だったのだろうか。

「暗黙の了解」を日中双方で確認し合いながらも、幣原は満鉄並行線問題の交渉を見切り発車で開始した。その交渉は、国民政府側の態勢不備もあって暗礁に乗り上げた。双方間で協力可能と考えられた通商協定や治外法権撤廃については、日華関税協定こそ締結できたものの、治外法権問題は未解決のままで、満足のいく成果を上げることはできなかった。

さらには、自由主義的な経済外交のルールが世界の市場で通用しなくなったことも、幣原外交を不調に追いやった。一九二九年の世界恐慌からの脱却を図る諸国は、金本位制を停止し、輸入制限を強化して自国経済の防衛に努めた。本国と植民地や従属国を結ぶ経済ブロックを作り、関税障壁を高めて外国からの商品流入を阻止した。このような動きは、世界経済の縮小を招き、国際協調の精神による世界恐慌の克服を困難にし、幣原外交の行き詰まりの遠因にもなった。

一九三三年頃には輸出も伸び、恐慌前の生産水準を回復した日本だったが、この伸びがソーシャルダンピングとして各国から指弾され、ブロック化した市場から閉め出される。

セクショナリズムと地域主義

幣原外交が行き詰まった原因は、さらに外務省内のセクショナリズムと地域主義にもあった。満洲事変勃発時の外務省で声がもっとも大きかったのは、外相の幣原でもなく次官の永井松三でもなく、亜細亜局長の谷正之だった。

そもそも中国大陸で起きている重大事件への十全な対応を、中国事情に疎い幣原や永井に期待すること自体が無理だった。地理的・歴史的な特殊性を根拠に、満蒙権益を最大限に活用しようとする地域主義を主張する亜細亜局と対等に渡り合うだけの政策派閥を、幣原は育成してこなかったし、配置していなかった。わずかに国際協調を第一と考える通商局に幣原派に連なる人材がいる程度だった。

たしかに、自由主義的な経済外交を政策の根幹に据える幣原外交にとって、通商局の存在は重要で、経済の専門家を養成する必要があった。だが、外務省の実勢力は政務局出身者の手に握られており、通商局出身者は各省の「技術官」のような差別待遇を受けていた。通商局出身者は、ロンドン、ワシントンといった一流大使館の書記官として赴任することなく、二流、三流の任地しか行けず、結果、通商局勤務は敬遠され、通商局はますます貧弱になっていった（『中国の嵐の中で』）。つまるところ通商局内には、亜細亜派に取って替わる政策派閥も、あるいは亜細亜派が唱える地域主義を修正したり批判したりすることができる理念や外交観も形成されていなかった。

幣原が外交方針の柱とした対英米協調や対中国内政不干渉は、理念や外交観というよりは、ひとつの行動規範に過ぎなかった。そうした規範は、既存の条約を無視し、半ば常軌を逸した中国による革命外交に直面し、英米各国との足並みが乱れると、柔軟性を欠いたまま硬直化し機能しなくなる。その意味で幣原を原理主義者と評すことも可能だろう。

仮に幣原が欧米局と条約局とを横断するような政策派閥を形成し、通商局とも連携して自由主義を追求しながら、英米や連盟との協調を第一義とする対応を満洲事変勃発前から貫徹できていたら、果たして違った展開になったのだろうか――。そうした展開はおそらく望めなかっただろう。日本の一行政機関での人事の差配や理念の形成だけで、東アジア地域の秩序を脅かすほどの大事件を未然に防いだり、満洲事変勃発後にそれをコントロールしたりすることは、もちろん難しかっただろう。

とはいえ、満洲事変での幣原の対応に課題が残ったことは否めない。満洲事変勃発後、幣原は、外交主導を通じて解決の糸口を探す努力に一度は邁進《まいしん》した。だが、それは事変勃発後、一ヵ月にして潰える。なぜなら幣原の満蒙観が亜細亜局長の谷や陸軍のそれと、根底では繋がっていたからである。幣原が亜細亜派という政策派閥に取り込まれたのも、それゆえだといえよう。幣原の追求したはずの自由主義と対英米協調主義は、満蒙第一を掲げる地域主義を凌駕《りょうが》するほどの広がりと深度を持ち合わせてはいなかった。

以後、幣原は、政治の表舞台から姿を消した。戦争へ、さらには破滅へと突き進む日本の姿を、元外相として政治の世界の外からただ見続けることになる。

第6章　帝国日本の崩壊——失意の元外相

1　「東亜」概念の提唱——遠ざかる協調主義

隠遁生活へ

外相退任後ほどなくして鎌倉に引っ込んだ幣原は、久方ぶりに野に下った浪人生活の気安さもあってか、一九三二年（昭和七）の正月をのんびりした心持ちで迎えた。参謀総長の金谷範三からは、新年早々に思いがけない酒席の饗応《きょうおう》を受けた。築地の料亭新喜楽に幣原を招待した金谷は、その席上、満洲事変拡大を防げなかった責任の弁と、それまでの幣原の外交努力に対する感謝の意を述べ、幣原をねぎらった。幣原は「至誠の人」と金谷を評し、敗戦後、国際軍事裁判の検事団にもこのエピソードを語っている。幣原にとって、「大変愉快なこと」であった（『外交五十年』）。

だが、そうした気分もすぐさま冷めていった。政財界の要人が立て続けに殺害される事件

外相退任後、六義園で、1931年

が相次ぎ、世の中は次第に軍国主義の色合いを濃くしていった。

日本外交を取り巻く状況も、急速に変化しつつあった。三月一日に満洲国が建国され、九日には溥儀が満洲国執政に就任する。米国は満洲国不承認宣言を発表した。九月一五日には日満議定書が調印され、翌一〇月二日にはリットン調査団の最終報告書（以下、リットン報告書）が発表された。その内容は、日本の満蒙権利の特殊性（歴史的経緯、居住権、商権）を是認し、紛争解決に向けた提言をするなど日中双方に配慮したものだったが、満洲事変を自衛的行為とし、満洲国建国を地元住民の自由意思による独立だとする日本側の主張は退けられた。

リットン報告書と外交当局への視線

満洲事変の正当性と満洲国建国を否定したリットン報告書を当然のように批判する朝野のなかにあって、幣原はそれとは異なる視角からこの問題を捉えようとしていた。それは、日本の外交当局への奮起を促すものである。親友の大平駒槌に、次のような書簡を宛てている。

> 近頃時局の変態に当《あた》り、国際関係は理解なき民心に媚《こ》びんが為め、新聞に、演説に〝ポスター〟に偏狭なる排外思想を鼓吹せんとするもの多く、我国も宛然《えんぜん》支那と同一の水平線に落ちたるの観あり。連盟調査委員の報告書所載の事実又は意見にして現実の認識不充分なるものあらば、我当局の努力足らざりしことを証するに拘《かか》わらず、自己の責任を焦慮《しょうりょ》せずして調査委員を悪罵《あくば》する現状、寔《まこと》に苦々しきことと存候《ぞんじそうろう》。
>
> （一九三二年一〇月一〇日付、大平駒槌宛書簡）

幣原は満洲国の正当性に関する説明不足を問題視した。満洲地域を日本の特殊権益とみなす、二〇世紀初頭の小村寿太郎による外交以来の伝統的な価値観を継承し、満洲国建国自体は問題視していなかった。外相退任後の幣原は、むしろ次第に満洲国の正当性について語るようになっていった。

満洲国は軍部主導による傀儡《かいらい》国家であり、幣原が満洲国建国を受け入れたということは、関東軍の謀略による成果を容認したことを意味した。だがそれは、当時の日本にあってごく普通の考え方だった。

政治評論家の馬場恒吾《ばばつねご》は、幣原が満洲事変を連盟に提訴した中国に対してはもちろん、それを問題化した連盟にも不信感を募らせていた点に注目している。中国の出方ひとつで、満洲国の独立は中国の利益にもなると説く幣原と面談した馬場は、幣原外交がたとえ復活したとしても、満洲国は建国されたままだろうし、連盟脱退の事態にも変化は生じないと結論づけている（「幣原外交の本質」、『政界人物評論』）。

たしかに幣原は、満洲事変の問題解決に関する連盟の態度を評価していない。少なくとも幣原の立場は、連盟との協調を通じて国際社会との繋がりを模索した連盟派外交官たち（第3章参照）とはまったく異なっていた。彼らの主張に耳を傾ける余地が、幣原には残されていなかったことはたしかである。

他方、斎藤実内閣で幣原の後任の外相を務めた内田康哉は、連盟派外交官たちと連携しようとしなかった点では幣原と変わらなかった。だが、幣原が主張した連盟を通じて日本の満蒙権益の正当性を発信するという施策を講じようともしなかった。内田は一九三二年八月二五日の衆議院で「国を焦土にしても満洲国の権益を譲らない」と、いわゆる「焦土外交」演説をぶった。満洲国建国と承認を日本外交の最重要課題と位置づけたものの、幣原からしてみれば、それは国際社会への説明努力を欠いたものだった。

一九二〇年代に国際協調外交を推進した内田の急旋回ともいえるこの答弁は、大きな波紋を呼んだ。外交評論家の清沢洌《きよさわきよし》は、「そうした〔国が焦土となる〕事態を来たらしめないことを、その職能とせねばならぬ」と批判したほどだった（「内田外相に問ふ」、『中央公論』一九三三年三月号／『清沢洌』）。軍部にあまりに同調的な内田の変節ぶりを、幣原はただ沈痛な心持ちで聞き入るしかなかった。

「東亜の禍根」

その後、日本と連盟との関係はさらに悪化の一途を辿っていった。幣原はそれに心を痛めただろうが、だからといって連盟に対して大きな期待を抱くことはなかった。

幣原が満洲事変の解決を日中二国間で図ろうと交渉していた矢先、中国は連盟に提訴し、連盟はそれを問題として取り上げた。幣原は後年、この一事を恨めしく語っている。批判の第一の矛先は中国に向けられていたが、連盟の対応にも向けられていた。幣原の連盟に対する不信感は、リットン調査報告書の扱いをめぐってさらに深まった。日本と満洲国との関係を「本家と分家の関係」（『幣原喜重郎』）になぞらえて語る幣原にとって、満洲国を否認するリットン報告書の内容は承服しかねるものだった。

一九三三年二月二四日の国際連盟総会で、満洲国を否認し満洲からの日本軍撤退を勧告する案が「四二対一、棄権一」の圧倒的多数で可決されると、衆議院議員（政友会代議士）で代表として派遣された松岡洋右《まつおかようすけ》率いる日本代表団は総会を退席した。実は松岡は、総会決議に先立って、この程度のことで連盟を脱退するのはばかげていると、本省の内田外相に再考を促していた。当時の新聞もおおよそが連盟にとどまることを主張していた。

だが、内田はこれを聞き入れなかった。忸怩《じくじ》たる思いを抱えた松岡は、連盟総会の議場を去る間際、そこに居合わせた『朝日新聞』特派員の古垣鉄郎《ふるかきてつろう》に「俺は完全に失敗したよ」と、言い残したという。世論や出先機関よりも外務省の本省の方が、ファナティックで過激な連盟脱退論に傾斜していたのである。

その様子は、脱退当時の本省内で盛んに喧伝《けんでん》された「東亜の禍根《かこん》」という言説によく表れている。「東亜の禍根」は、原案を亜細亜局長の谷正之が作成した連盟脱退の「詔書」に、次のように登場する。

今次満洲国の新興に当り、帝国は其《そ》の独立を尊重し健全なる発達を促すを以《もっ》て、東亜の禍根を除き世界の平和を保つの基なりと為《な》す。然《しか》るに不幸にして聯盟《れんめい》の所見之《これ》と背馳《はいち》するものあり。朕乃《ちんすなわ》ち政府をして慎重審議遂に聯盟を離脱するの措置を採らしむるに至れり〔後略〕（一九三三年三月二七日渙発《かんぱつ》「詔書」、『日本外交年表竝《ならびに》主要文書』下巻）

この「東亜の禍根」については、「国際連盟脱退通告文」（以下「通告文」）でさらに詳細に語られていた。それによると、長らく近代国家の体裁をなしてこなかった中国は例外的で特殊な状況なので、「国際法の諸原則及慣例」が中国に適用される際「著しき変更」が加えられてきた、その結果、「特殊且《かつ》異常なる国際慣行」が成立したという（一九三三年三月二七日

発表「国際連盟脱退通告文」、『同前』）。

これを起草したのは亜細亜局第一課長の守島伍郎（一八九一年生／一九一八年第二七回試験合格）だった。守島のみるところ満洲事変以降の中国情勢は、「特殊且異常なる国際慣行」、すなわち列国による対中国経済援助策が横行するものであり、日本にとって黙過《もっか》し得ない禍根が残された状況だったのである（「「連盟脱退ノ根本義」と日本外務省における「東亜」概念の生成」）。

遠ざかる対英米協調

他方で「東亜」という概念が、一九三三年三月の連盟脱退以降、翌三四年四から五月にかけて外務省内で形成され、夏頃には日本の対外政策の基本路線になっていく。その形成にあたって中心的な役割を果たしたのは、中国公使から次官に就いていた重光葵だった。重光は、一九三五年八月に、次のように東亜を説明した。

東亜とは如何なる地域であるか？〔中略〕東亜と我々の云うのは先《ま》ず「シンガポール」より「ベーリング」海峡に至る世界の部分で、帝国を始め満洲、支那、「シャム」等の諸国をも包含する東部亜細亜の地域と称することが出来よう。帝国の対外政策の基調は此地域に於ける安定を所期することにあるのであって、依《よ》って以《もっ》て世界全般の平和に貢献せんとする次第である。

（一九三五年八月一日付重光葵外務次官作成「国際関係より見たる日本の姿」、外務省記録A.2.0.0.X1）

重光は、このような地域を「東亜」と定義した。ただし、それは単なる地理的な概念にとどまらない。その意味するところは、一九三四年四月一七日に天羽《あもう》英二《えいじ》外務省情報部長によって表明された、いわゆる「天羽声明」によってすでに国内外に表明されていた。

天羽声明とは、天羽情報部長が定期記者会見で述べた非公式談話のことである。その内容を要約すれば、①日本は「東亜に於ける平和秩序を維持すべき使命」を負っている、②列国による中国への共同動作はその名目が財政的であれ技術的であれ、結果的に政治的意味を包含し中国の統一および秩序回復を阻害することになるので、日本はこれに反対する、③各国個別の経済活動であっても、「東亜の平和又は秩序を攪乱する性質」のもの「例えば武器、軍用飛行機等を供給し、軍事教官を派遣し、政治借款を起すが如き事」に対しては反対せざるを得ない、という内容だった。

重要なのは、諸列国の対中国投資事業が「東洋の平和又は秩序を攪乱する」に当たるのか否かの判断は、独り日本にのみ帰せられるとしている点である。日本がいわば判定権なる権利を持つというアジア・モンロー主義的な発想だった（「一九三三、四年における重光外務次官の対中国外交路線」)。

かつて幣原の追求した対英米協調主義を「東亜」概念のなかに見て取ることは、もはや不可能だった。重光による排外的な地域主義の論理だけがただ浮かび上がる。重光と幣原が「堅実に行き詰まる」と密かに心を通わせたのは一九三一年四月、わずか三年前のことに過ぎない。外務省内での幣原の影は急速に薄まっていった。

2　日中戦争から太平洋戦争へ

二・二六事件逃避行

一九三六年(昭和一一)二月二六日未明、がやがやする人声と大勢の人の気配とで、幣原は目を覚ました。この夜の東京はひどく冷え込み、雪がしんしんと降っていた。雨戸を繰って庭を見回すと、幣原の駒込の自宅周辺は一面の警察官で埋まっていた。聞けば、機関銃を持った集団が幣原邸に襲来するという。警察官に促され避難を決した幣原は、運転手をたたき起こして鎌倉へ車をとばした。

雪がどんどん降ってきていた。鎌倉に行くには皇居前あたりを通らなければならないが、兵隊が到るところにたむろし、誰何《すいか》している。幣原も「この大雪の中で、この宮城の前で、いよいよ私の最後を飾ることになるのか」(『外交五十年』)と、このときばかりは覚悟した。

だが、車は幸いにも兵隊たちに止められることなく、二時間をかけて鎌倉に辿り着いた。鎌倉で数日過ごした後、「やられる時はやられる」と腹をくった幣原は、東京に戻って駒込の自宅にとどまることにした。このような鬱屈《うっくつ》した世相にあって、「死なば我が家で」(『外交五十年』)との思いで駒込に戻った幣原の心を、六義園の名園は慰撫《いぶ》した。

拡大する日中戦争

一九三七年七月七日未明、一発の銃声が盧溝橋《ろこうきょう》で鳴り響いたのを機に、日中戦争が始まる。勃発当初、現地の日中両軍の間では停戦協定が締結されていたが、近衛文麿《このえふみまろ》首相は、蔣介石による対日戦準備の情報を受けて、一一日午後、総理官邸にメディア各社の代表と政財界人を招いて、内地三個師団を派兵する「北支派兵声明」を発表した。

派兵決定によって、進行中だった現地の停戦努力は水泡に帰す。満洲事変時と比較して、出先と中央の対応が真逆だった。すぐに戦争は終わるだろうという楽観論、もしくは反日・排日運動を一向に収束させない中国を懲らしめてやろうという膺懲論《ようちょうろん》が、近衛をそして世論を支配していた。

当時、幣原は、貴族院議員の肩書きを持つだけだった。幣原は、戦争勃発当初の一〇月一六日、大平宛の書簡で「所期の大目的を達せらるべきや頗《すこぶ》る不安に感ぜられ」ると、不安をのぞかせていた。翌々日付の大平宛書簡では「戦闘に勝ち戦争に敗る」と書き送っている。

幣原の見立ては正しかった。その後の日本外交は和平工作のチャンスを逃し続け、戦争の泥沼にはまり込んでいく。

三国同盟・四国協商論への反対

一九四〇年七月二二日、第二次近衛文麿内閣が成立した。外相には松岡洋右（一八八〇年生／一九〇四年第一三回試験合格）が就任した。外交官試験を首席で突破し、外交官としての華々しいキャリアをスタートさせた松岡だったが、パリ講和会議後に退官すると、満鉄理事、副社長に就任、さらには一九三〇年には故郷山口県から衆議院議員に立候補し当選していた。松岡と幣原は政治的には相容れなかった。一九三一年一月の議会で、松岡は幣原の平和主義的な経済外交は満蒙権益を犠牲にするのみで、効果を上げていないと批判していた。

そのような松岡が主導した外交は、ドイツへの接近と、それを足場とするソ連との連携だった。松岡は、まずは日独伊三国同盟を締結し、そこへソ連を引き込んで四ヵ国による協商体制を構築しようとしていた。これによって英米陣営との力の均衡を作り出し、英米両国が対日戦争を仕掛けられないよう仕向け、結果的に戦争を回避しようというプランである。

だが、幣原はこのプランをまったく評価していなかった。三国同盟はドイツへの依存にほかならず、自主自立主義を放棄するものとして、幣原はその脆《もろ》さと危うさを見抜いていたのである。

翌一九四一年四月、日ソ中立条約が電撃的に締結された。松岡の「四国協商論」が実現した瞬間だった。だが、これに対しても幣原は、日独伊三国軍事同盟との矛盾を鋭く衝いていた（一九四一年五月五日付大平駒槌宛書簡）。松岡外交は「無軌道外交」として、幣原の目に映るだけだった（『幣原喜重郎』）。

デニソンへの追慕

日中戦争から太平洋戦争にかけての時期、幣原は隠遁《いんとん》生活を深めていった。時たま丸善に出かけ、新刊の洋書を買い求めては、読書に耽《ふけ》って鬱を散じることくらいしかできなくなっていた。もはや幣原は、政局に何かを積極的に働きかけようとはしなかった。

隠遁しつつあった幣原だが、この頃、「外交文書の文体、起草者の心得並に諸種の形式」という一篇の文書をしたためている。これは、一九四〇年頃の作成と思われるB５判一二枚からなる文書で、かつてデニソンから教示された外交文書の書き方を、後輩省員のために書き残した手引書だった。

デニソンから遺贈された書籍は、関東大震災で焼失していた。デニソンを思い出す縁《よすが》を失ってしまった幣原だったが、それでも戦時下で追慕したのは、ありし日のデニソンだったのだろう。幣原の心を慰撫したのは、デニソンを懐かしく思い出しながら、手引書をしたためることだった。同時にそれは、幣原にとっての一時の安らぎでもあった。いや、もしかしたら、自分になせることはもはやこれくらいしかないという、諦念の表れだったのかもしれない。書物の世界と過去の記憶の内奥に、幣原は静かに取り込まれていくかのようだった。

近衛への助言

そんな生活を強いられていた一九四一年夏、幣原に首相の近衛文麿が面会を申し込んできた。当時千駄ヶ谷に引っ越していた幣原宅の近所に、近衛の親戚の家があるという。近衛がその家に赴くので、幣原もそこを訪ねて欲しいという。

近衛の用件は、外交政策についての助言を得ることだった。南部仏印への進駐を目的に出帆したことを告げる近衛に、幣原は、きっと大きな戦争になると返す。さらに、そんなことよりも、日米開戦を回避するための日米交渉に専念すべき、という幣原の進言を聞いた近衛は、いたく狼狽《ろうばい》した。『外交五十年』には、そのときの二人のやりとりが次のように再現されている。

「それはどうしてでしょうか。いろいろ軍部とも意見を戦わし、しばらく駐兵するというだけで、戦争ではない。こちらから働きかけることをしないということで、ようやく軍部を納得させ、話を纏《まと》めることが出来たのです。それはいけませんか。」

「それは絶対にいけません。見ていてご覧なさい。ひとたび兵隊が仏印に行けば、次には蘭領印度へ進入することになります。英領マレーにも進入することになります。そうすれば問題は非常に広くなって、もう手が引けなくなります。私はそう感ずる。もし私にご相談になるということならば、絶対にお止めする他ありません。」

「何か他に方法がないでしょうか。」

「それ以外に方法はありません。この際思い切って、もう一度勅許《ちょっきょ》を得て兵を引返す他に方法はありません。それはあなたの面子《メンツ》にかかわるか、軍隊の面子にかかわるか知らないが、もう面子だけの問題じゃありません。」

（『外交五十年』）

この後、両者の会談は不愉快な煮え切らぬもの別れになり、終わったという。

幣原による戦後になってからの回想録である。割り引いて読む必要があるにせよ、幣原が日本外交の引き返せない一線を正確に見抜いていたことはたしかだろう。

南部仏印進駐について討議した大本営政府連絡会議の場で、外相の松岡洋右もまた南部仏印への進駐に反対した。だが、参謀総長の杉山元と軍令部総長の永野修身《ながのおさみ》は、進駐を断固主張する。近衛はこれを受けて「統帥部がやられるならば、やる」（『杉山メモ』上巻）と発言したという。これにより他の閣員たちも進駐に賛成し、七月二日に御前会議決定となった。

ただ、近衛には一抹の不安があったのであろう。だからこそ幣原を訪ねた。幣原もそうした近衛の迷いを見抜いていた。それゆえの説得だった。だが、それによって近衛が奮起することはなかった。

近衛は、自らの不安を払拭《ふっしょく》するために、幣原から賛意の一言を聞きたかっただけで、決して真剣にアドバイスを求めたわけではない。幣原は、そんな近衛の心の弱さをもおそらく見抜いていた。あるいは、政治家としての判断力と胆力に欠けると、近衛に絶望したかもしれない。一九四一年の夏は、幣原の諦念をさらに深める季節となった。

3　敗戦――自宅焼失と近衛文麿との会談

空襲と失意の日々

一九四一年（昭和一六）一二月八日、日本は真珠湾攻撃によって、太平洋戦争へと突入していった。日中戦争を解決できず、和平工作にも失敗し、さらには日米交渉も不首尾に終わった日本外交の辿った末路だった。開戦当初こそ戦果を上げたものの、物量と国力に圧倒的に勝る米国の反転攻勢にあうと、戦局は傾く一方だった。

幣原が空襲で千駄ヶ谷の家を焼かれたのは、一九四五年五月二五日夜半のことだった。家はもちろん、入省以来書きためた一六冊に及ぶ外国人士との会見録や、関東大震災で焼かれた後、再び増やしてきた自慢の蔵書も、その他の家財や自家用車とともに焼けてしまった。

それまでつけていた日記も焼かれた。日記代わりとした簡素な作りの「筆記帳」には五月二五日から記事の書き込みが確認できる。当然ながら、五月二五日以前の記事は存在しない。新たに書き起こされた記事と劣悪な紙質による簡素な「筆記帳」の作りとが、被災した事実と戦争の苛酷さとを克明に物語っている（幣原喜重郎手帳、昭和二〇年、憲政資料室収集文書一四八四―一）。

近衛との再会談

敗戦間近の一九四五年七月に、幣原は近衛と再び会談している。最高戦争指導会議で近衛元首相を天皇の特使としてソ連へ派遣することが、七月一〇日に決定していた。これを受け、翌々一二日には近衛への特使が下命される。東郷茂徳《とうごうしげのり》外相はモスクワの佐藤尚武《なおたけ》大使に電報を宛て、無条件降伏方式の緩和による戦争終結仲介をソ連外相ヴャチェスラフ・M・モロトフに申し入れるよう訓電した。

近衛はソ連行きについて、幣原の助言を求めた。

「私はこんどソ連に行き、直接スターリンにぶつかって、自由な意見の交換をしようと思います。それについて、陛下の御親書をいただいて行くつもりです。それについて、あなたはどう思いますか。」

「僕は絶対反対です。そんなことをして目的を達するわけがありません。陛下の御親書に重きを置いて、先方がその決心を再考すると思われますか。それは目的を達しないのみならず、ついには累《るい》を皇室に及ぼすから、私は絶対に反対だ。」

「そうでしょうかね……。」

（『外交五十年』）

このときの近衛は反駁もしなかったという。

近衛の訪ソ特使は実現しなかった。仮にソ連に派遣されたとしても、終戦の仲介をソ連が引き受けることはなかっただろう。二月に開催されたヤルタ会談で、ソ連は千島列島と南樺太を編入するという条件で対日参戦する秘密協定を英米とすでに結んでいたからである。日本の敗戦はいよいよ目前に迫っていた。

玉音放送の日

とくに用事もなく浪人生活をしていた幣原は、麴町《こうじまち》区有楽町一丁目（現丸の内三丁目）の日本倶楽部に、時たま出かけていた。

一九四五年八月一五日も、幣原は朝からこの倶楽部で過ごしていた。すると事務員がやってきて、正午に陛下の玉音放送があるという。幣原は二階図書室の備え付けのラジオへ向かった。二階の図書室は他の来館者たちでごった返しており、ラジオの前はすでに埋まっていた。

正午。

これより玉音放送ですと、ラジオからアナウンサーの声が告げた。幣原も一同とともに起立して、ラジオから流れてくる天皇の声に耳をそばだてた。

八月一五日の終戦の詔勅を、幣原はただ静かな心持ちで聴いた。

倶楽部になどもう居る気もしない。戦争は終わったのだ、ただそのことだけをぼんやりと反芻《はんすう》しながら、幣原は倶楽部を出た。頭上から太陽が照りつけていた。暑い午後だった。夏の白い日差しを浴びながら幣原は家路についた。

この日の手帳には、「外務省立寄（加藤、松本）「ポツダム」宣言承諾声明」とだけ、したためられた。後輩たちと何かを分かち合いたかったのだろうか。それとも何か期すべき思いでも湧き上がったのだろうか。ただ、いずれにせよ、落胆も昂揚も怒りも悲しみもない、それらをすべてそぎ落とし、あらゆる感情を流しきったかのような、そんな心境でもあった。

だが、これは単なる戦争の終わりではなかった。終戦を告げる玉音放送は、幣原の次なる人生のステージが始まることを告げる放送でもあった。第四四代総理大臣として戦後日本の復興を託され、幣原は再び政治の表舞台へと押し上げられる。

第7章　老政治家の再起――米占領下と制度改革

1　幣原内閣の成立――天皇の苦悩への理解

天皇制擁護をめぐって――マッカーサーと幣原の思い

鈴木貫太郎《かんたろう》内閣が敗戦の責任を取り八月一五日に総辞職すると、東久邇宮稔彦王《ひがしくにのみやなるひこおう》が前例のない皇族内閣として組閣する。外相には重光葵が就任した。

東久邇宮内閣は、降伏文書への署名・調印（九月二日）、軍事裁判や軍票の使用など直接統治をうかがわせる「三布告」への対応と撤回の要請（九月三日）と、重要な政治課題を次々と処理していった。

この後、九月一七日に、外相は重光から吉田茂に交代した。重光が「外交一元化」を唱え、マッカーサーとの交渉窓口を外相一人にまとめようとしたため、首相の東久邇宮をはじめとする政府の要人がマッカーサーと直接面会できず、政府内には混乱が生じていた。これを解消するため、重光を更迭し吉田を起用したのである。

一方の占領する側の主人公、ダグラス・マッカーサーは、厚木飛行場に降り立った八月三〇日以降、「青い目の将軍」として日本の占領統治に君臨した。そのマッカーサーが天皇と最初に会談したのは、九月二七日のことだった。

午前一〇時、天皇は米国大使館に到着した。会見室で写真撮影を済ませると会談が始まった。フィリピンでの長期滞在を強いられてきたマッカーサーの健康を気遣う天皇の言葉に、マッカーサーは「熱帯生活はもう連続一〇年になります」(『昭和天皇実録』第九)と答えた。穏やかな調子での滑り出しだった。

直後に話題は先の戦争に及んだ。その冒頭で、天皇は自ら戦争責任の問題を持ち出し、自分が直接全責任を負い、自身の運命をマッカーサーの判断に委ねたいと発言した。マッカーサーは、「私は、国民が戦争遂行にあたって政治、軍事両面で行なったすべての決定と行動に対する全責任を負う者として、私自身をあなたの代表する諸国の裁決にゆだねるためおたずねした」(『マッカーサー大戦回顧録』)と、天皇の発言を回想する。

天皇の発言にいたく感動したマッカーサーは、天皇に戦争責任を負わせ、訴追されるような事態に陥らせてはならないと決心した。

そもそもマッカーサー自身、占領統治のためには天皇制を温存しなければならない、もし天皇制を廃止することにでもなれば日本国民からの反発と怨嗟《えんさ》を買い、占領統治は立ち行かなくなると認識していた。これに加えて、天皇の高潔さに感銘を受けたマッカーサーのこの決心は、日本が望んだ国体護持に繋がる、天皇制の保持を意味した。

マッカーサー・昭和天皇会談と同時期、幣原喜重郎も天皇制について思案を巡らせ始める。

一九四五年一〇月初旬、GHQは日本政府に政治犯の釈放を命じ、一〇月五日、政治犯が釈放されると、日本共産党は活動を再開する。行動綱領に「天皇制の打倒、人民共和政府の確立」を掲げて、徳田球一《とくだきゅういち》らをリーダーとして公然と天皇制批判を展開し始めた。

天皇制に対する批判的な言説は、国際世論のなかにもあった。連合国のうちオーストラリアやニュージーランドは、天皇制について厳しい見解を寄せていた。米国にも強硬論があり、国防総省を中心に昭和天皇を戦犯とみなす意見が伝わってきた。

この時期、幣原は天皇制の存続のために尽力していた。一九四五年九月下旬に天皇と『ニューヨーク・タイムズ』紙記者らとの会見を想定して、天皇側の回答案を英文で作成している（『幣原喜重郎と二十世紀の日本』）。

幣原内閣、なる

一〇月四日、マッカーサーは東久邇宮内閣にあっさりと引導を渡した。マッカーサーはこの日にいわゆる「自由の指令」を出して、山崎巌《やまざきいわお》内相をはじめ警察部長や特高関係者を含む約四〇〇〇名の官僚の免職と、全政治犯の釈放を要求してきた。これには東久邇宮も相当ショックを受けたようで、「マッカーサー元帥は先日〔一九四五年九月二九日〕私との会見で、大臣をかえる必要はないといったのに、数日後の今日この指令をだしたのは元帥がこの内閣を信用しないからであろう」（『東久邇日記』）と、恨めしく述べている。マッカーサーは、東久邇宮内閣をさほど評価していなかった。

次期首相として白羽の矢が立ったのは、幣原だった。だが、当初の本命は、幣原ではなく吉田茂だった。マッカーサーに気に入られ、東久邇宮内閣の外相としてGHQと日本政府との間を頻繁に往来する吉田の姿は、たしかに次期首相にふさわしかった。ところが、木戸内大臣は吉田に意向を質《ただ》すも、吉田は「私はその任ではありません」と素っ気ない。一向に受諾する気配のない吉田が推薦したのが、幣原だった。吉田は「今日彼以外にこの時局を乗り切れる適任者はありますまい」（『幣原喜重郎』）と木戸に進言する。

幣原の回想によると、天皇への謁見を促す宮内省からの使者が来宅したのは、一〇月六日。引越しの準備を終えた幣原が、自宅の門を出ようとしたときだった。幣原は五月の空襲で千駄ヶ谷の家を焼かれた後、妻雅子の実家である岩崎家の計らいで多摩川畔の東山農事農場（世田谷区岡本町、現在の東急田園都市線二子玉川駅付近）の一隅に疎開していた。そこから鎌倉の別邸に引っ越そうと、トラックを手配し荷物を積み終えたところだった。

この日の午前、吉田茂が来宅し組閣を持ちかけられた際、幣原は老齢を理由に断っていた。吉田は「今に宮中からお召しがあるから、覚悟していなさるがよい」（『回想十年』第一巻）

と言い残して辞去していったが、天皇から面会を請われると、参内しないわけにはいかなかった。引越しを延期し、モーニングに着替え、急ぎ参内した。使者の到着があと三〇分遅ければ、幣原は鎌倉へ出立していたところだった。

戦後復興の舵取りについて、何も考えていない幣原ではなかった。すでに幣原は、「終戦善後策」なる意見書を草し、外相の吉田茂に面会のうえ手渡している。

「終戦善後策」は、八月一五日の玉音放送後、日本倶楽部から帰宅した幣原が門を閉ざして書き進め、八月二五日に脱稿したものである。そこでは主に次の四点、①連合国諸国が日本を信じるよう努めること、②敗戦に伴う重大性を国民一人ひとりの胸中に銘記すること、③日本にとって有利な新局面の展開を図ること、④敗戦の原因を調査して結果を公表すること、を記していた。

「終戦善後策」の執筆は、自らが首相に推されるかもしれない、という予測が自身の心中にあったからだろう。戦争末期に、幣原は吉田茂や内務官僚の次《つぎ》田《た》大三郎《だいさぶろう》らから一再ならず首相への就任を要請されていた。もちろん、軍部の勢力がいまだ強い状況下では現実的とはいえず、このときは固辞したうえ、終戦工作にも積極的な姿勢を一切みせなかった。とはいえ、この年の七月初旬から敗戦までの間、幣原は頻繁に外務省や日本倶楽部を訪れたり、要人の来訪を受けたりしている。それは吉田茂、東郷茂徳外相、財部彪元海相といった面々だった（幣原喜重郎手帳、昭和二〇年、憲政資料室収集文書一四八四―一）。終戦を迎え、幣原の心境に

幣原内閣（1945年10月）前列中央に幣原、右端に吉田茂、その隣に松本烝治

も変化があったのかもしれない。
同時に、八月一五日、玉音放送を聴いた後、日本倶楽部からの帰途の電車で居合わせた男性の悲痛な叫びが、幣原の脳裏にこびりついていた。その男は、向かいに座る乗客に向かってこう叫んだ。いったい君は、こうまで日本が追いつめられたのを知っていたのか。なぜこんな戦争をしなければならなかったのか、ちっともわからない。敵をひどくたたきつけたとばかり思っていると、何だ、無条件降伏じゃないか。怪《け》しからんのは、われわれを騙《だま》し討ちにした当局の連中だ（『外交五十年』）。
もっともだ、と幣原は思った。破滅の淵《ふち》に突き落とされた状況を、国民は受け入れ切れずにいる。政治の立て直しと日本の復興が必要だ。そう決意した幣原は組閣を引き受けたのである。
幣原が参内したとき、時計の針は午後一時三分を指していた。天皇は、あらかじめ用意しておいた椅子を特別に幣原に勧め、組閣を命じた（『昭和天皇実録』第九）。一度は固辞した幣原だったが、重ねて下命する天皇と話しているうちに、天皇の心痛と苦悩とを感じないわけにはいかなかった。天皇を心配させてはならぬと悟った幣原は、生命を投げ出してもやらねばならぬと腹を決め、不退転の決意で大命を受ける。「幣原にはこの大役が勤まるという自信はございませんけれども、全力を尽くして御意を奉じましょう」。こう言って、玉座の前を退いた（『外交五十年』）。

組閣作業には、内大臣木戸幸一と内務官僚出身の貴族院議員次田の協力を得た。書記官長には次田、外相に吉田茂、内相に堀切善次郎《ほりきりぜんじろう》、蔵相に渋沢敬三《しぶさわけいぞう》と中核を固め、他に外交官出身の後輩で政治家だった芦田均を厚相に据えるなど人事を進めていった。一〇月九日午前一〇時一〇分、親任式が行われ、幣原内閣が成立した。

2　GHQとの折衝——「人間宣言」の草稿執筆

「英語は話せるのか？」

首相選定は、重臣会議、天皇、GHQの順で了承された。直接統治されたドイツと違い、日本政府の存在を認められた間接統治だったので、内政の問題の首相選定にGHQはさほどコミットしていない。

吉田 茂（1878～1967）

幣原が首相に内定したことを報告するため、吉田はマッカーサーを訪れた。報告を聞いたマッカーサーは、「年はいくつだ」と吉田に問うた。「七〇いくつだ」との吉田の返答に、「馬鹿に年寄りだなあ」と応え、ぶっきらぼうに聞いてきた。「英語は話せるのか」（『回想十年』第一巻）。

ＧＨＱは、幣原に関する情報を事前にほとんどつかんでいなかった。「幣原氏は英語の大家を以《もっ》て自他ともにこれを認めているのに、元帥にしてみると『英語がわかるか』である」と、吉田は嘆かざるを得なかった。外交の一線から一四年間も離れていた。「むろん、わかる」と、吉田は返答した（『同前』）。

ワシントンでは、元駐日大使のウィリアム・C・フォーブズが幣原の人となりと業績をトルーマン大統領に伝えていた。一方、東京では、知日派として知られる、同じく元駐日大使のジョセフ・C・グルーの日記『滞日十年』が、ＧＨＱによる幣原の調書作成で利用された。ワシントンと東京それぞれで、米国側による幣原への理解が深まっていった。

初対面――五大改革指令の伝達

幣原内閣の使命は、ＧＨＱとの折衝を通じて占領政策を遂行し、民主国家として再生するための基盤を整備することだった。

米国をはじめとする連合国は、日本が再び軍国主義化することを警戒し、その阻止を目的としたが、日本が本当に民主的な国家に生まれ変わるか否か、見極められずにいた。とはいえ、間接統治を進める以上、マッカーサーは、民主化の具体策を盛り込んだ対日指令を発し、日本政府に実行させる必要に迫られていた。

一〇月一一日夕刻、幣原はマッカーサーを訪問した。両者の初顔合わせだった。この会談でマッカーサーは、いわゆる「五大改革指令」を幣原に命じた。①女性参政権の付与、②労働組合結成の奨励、③教育の自由主義化、④圧制的な諸制度の廃止、⑤経済の民主化、である。マッカーサーはこの五項目の前提として、伝統的社会秩序を是正し、そこに憲法の自由主義化が含まれるべきだとした。

この要求に幣原は安堵した。想定内だったからだ。五項目の実施について、「困難はあるも不可能にあらず」と、幣原は展望を述べた。

だが、マッカーサーにとっては不満の残る会見だった。なぜなら、幣原が憲法改正問題を議論の俎上《そじょう》にのせなかったからである。マッカーサーから憲法改正論議を幣原に持ちかけたらよかったではないか、という指摘もあろう。だがこれには裏事情がある。

実は、政治学者で米国の政治や憲法に通暁した東京帝国大学教授の高木八尺《たかぎやさか》が、一〇月六日、八日、九日と、マッカーサーの軍事秘書のフェラーズと連日のように面会や連絡を重ね、マッカーサーによる露骨な憲法改正要求を控えるよう申し入れていた。ＧＨＱ側は、元来、憲法改正要求を第一項に据えたかったのだが、高木の要求を容れて改革要求から除外し、一般希望の形式に落ち着かせたという（『占領記』）。このため、マッカーサーは、幣原に対して憲法改正をあからさまに要求せず、幣原からの議論を期待したのである。こうした配慮が裏目に出て、幣原はＧＨＱは憲法改正を必要と認識していない、と誤解することになる。

近衛による改憲作業

実のところ幣原自身、憲法改正の必要性を感じていなかった。組閣当日の一〇月九日、幣原は木戸と憲法改正問題について意見を交わしている。そのとき幣原は、憲法改正にきわめて後ろ向きだった。

憲法改正問題につき幣原男〔爵〕と協議す。男は此の問題については極めて消極的にして、運用次第にて目的を達すとの論なり。右については余も亦《また》同論なるも、只《ただ》米国は其《その》説明にては満足せず、何となれば彼は自己の手にて日本の憲法を自由主義化せり（ママ）との政治的意図を有するが故に、結局、改正を強要せらるべしと述ぶ。男は右に対し武力にて敵する能《あた》わず、其の場合、之を記録に留めて屈服するの外《ほか》なしと論ぜらる。

（『木戸幸一日記』下巻）

幣原には、帝国憲法の「運用次第にて目的を達す」という認識があった。

他方で幣原は、近衛の動向は認識していた。東久邇宮内閣に副総理格の無任所国務大臣として入閣していた近衛は、マッカーサーとすでに二回の会談を重ね（九月一三日、一〇月四日）、憲法問題について意見を交換していた。二回目の会談が行われた一〇月四日、すなわち幣原がマッカーサーと初会合を持つ一週間前に、近衛はマッカーサーを訪れ、議会や政府組織の改編について意見を求めていた。マッカーサーはその席で、憲法の改正を強調し、議会の解散、選挙権の拡大、婦人参政権と労働者の権利の容認についても併せて要求した（『近衛文麿』）。近衛はこの話を一〇月七日に幣原へ報告していた。

東久邇宮内閣の総辞職により国務大臣の地位も副総理格の立場も失うことになった近衛だが、マッカーサーとの会談内容を天皇に伝えたところ、天皇からも憲法改正作業に当たるよう下命を受けた。近衛は色めき立った。一〇月八日にマッカーサーの政治顧問ジョージ・アチソンを訪ね、GHQの考えている憲法改正の要点を聞き出し、憲法改正に本格的に乗り出していた。

一〇月一一日午前一一時半、宮内相の石渡荘太郎《いしわたそうたろう》が幣原を訪ねてきた。石渡は、近衛が新たに内大臣府御用掛に任命され、憲法改正に関する調査を担当することになったと告げた。幣原がマッカーサーと初会合を持つ、わずか数時間前のことであった。

松本烝治（1877～1954）

憲法問題調査委員会の設置

近衛による改憲作業着手の報を幣原が聞き取った一〇月七日以降、憲法改正調査が内大臣府主導で開始されるとの情報は、閣内にも広まっていった。憲法改正のような重要国務を宮中機関である内大臣府が手掛けるのは筋違いだという議論が、次第に政府内で持ち上がってきたのである（『回想十年』第二巻）。

それでも幣原は、内閣主導で憲法改正事業に当たることに消極的だった。厚相芦田均によると、一〇月一〇日午前の閣議で松本烝治国務相から憲法改正について発言があったものの、幣原は「憲法を改正しなくとも、解釈に依って如何ようにも運用出来る」（『芦田均日記』第一巻）と、発言したという。

一〇月一三日、松本烝治国務相を委員長とする憲法問題調査委員会（松本委員会）の設置が決定される。設置目的は、大日本帝国憲法の問題点の調査・検討で、必ずしも憲法改正を目指すものではなかった。松本自身、人心の非常に不安定な状態では改正など無理なので、「講和でもできてから〔憲法改正を〕やるほうが本当ではないか」（『日本国憲法成立史』第一巻）と考えていた。閣議了解による非公式な機関として設置された点からも、その性格がみてとれる。

第一回総会が一〇月二七日に行われ、以後、一九四六年（昭和二一）二月二日まで七回開催された。顧問には、帝国学士院会員の美濃部達吉《みのべたつきち》、同じく清水澄《しみずとおる》、東京帝国大学名誉教授の野村淳治《のむらじゅんじ》、委員には、東京帝国大学教授の宮沢俊義《みやざわとしよし》、東北帝国大学教授の清宮四郎《きよみやしろう》らほか五名が就いた。

結局、一二月六日に近衛の逮捕状が発せられ、一六日に近衛が服毒自殺を遂げると、憲法改正作業は、委員会の目的を従来の「調査」から「改正」へと切り替え、憲法問題調査委員会を中心に進められることになった。

一二月八日、松本委員長は、衆議院の予算委員会で憲法改正に対する政府の考え方である、「憲法改正の四原則」を公表した。①天皇の統治権総攬《そうらん》の堅持、②議会議決権の拡充、③国務大臣の議会に対する責任の拡大、④人民の自由・権利の保護強化、である。松本はこの四原則に基づいて、一九四六年一月四日付の「松本私案」（いわゆる「松本甲案」）を作成する。

天皇の人間宣言

一九四五年一〇月の首相就任以降、幣原にとってもっとも深刻だったのは、憲法改正よりも天皇制擁護の問題だった。九月二七日のマッカーサー・天皇会談で、天皇制擁護を方針として打ち出したマッカーサーだったが、それはむろん国際社会から了解を取り付けたわけではない。米国国内でも天皇を戦犯として裁くか否かが議論されていた。

米国の国務・陸軍・海軍三省調整委員会（以下、SWNCC《スウィンク》）が作成したマッカーサー宛の指令「SWNCC53」シリーズは、この問題を扱っていた。「日本国天皇ヒロヒト個人の処遇について」と題されたSWNCC55／3（一〇月六日付）は、明確に天皇の戦犯としての逮捕と退位を主張し、SWNCC55／6（一〇月一九日付）も、訴追の可能性を残した内容が踏襲されていた（『占領戦後史』）。

加えて秋から年末にかけて、天皇の戦争責任を追及する声がメディアや連合国内でも強まっていた。『ニューヨーク・タイムズ』紙（一〇月二九日付）でも天皇戦犯論が説かれ、中国からGHQに提出された戦争犯罪人名簿の筆頭は、昭和天皇であった。

天皇は直接的にも、苦しい立場に追い込まれていく。内大臣府が一一月二四日に廃止され、無二の相談相手であり、的確な助言者だった内大臣の木戸幸一を失ったからである。

こうした状況下、神格化されてきた天皇について明確に否定する詔書を発しようとする案が、天皇の周辺でGHQと相談しつつ実現化に向けて動き出した。天皇は一二月二四日夕刻に幣原を呼び寄せ、詔書の渙発については内閣の委任事項とする旨を伝えた。幣原は、翌二五日に、首相官邸に籠《こも》って詔書の英文草稿を半日で書き上げた。幣原は回想する。「一生懸命に書いた。日本より寧《むし》ろ外国の人達に印象を与えたいという気持ちが強かったものだから、先《ま》ず英文で起草し、約半日かかってできた」（『幣原喜重郎』）。

だが、このときの無理がたたって、幣原は肺炎を患ってしまう。一二月二七日には三九度を発熱し、しかもなかなか下がらない。外相の吉田はマッカーサーにこのことを告げ、当時日本では貴重品だったペニシリンをマッカーサーから工面してもらった。

幣原が書き上げた英文草稿は、一二月二六日、文相の前田多門《まえだたもん》と書記官長の次田の両名で、極秘のうちに日本語に訳された（『同前』）。二七日午後、病気の幣原に代わって前田が参内し、詔書案について奏上した。天皇は詔書案に賛成しつつも、日本の来し方と今後の進路を示すために、五ヵ条の御誓文を挿入するよう指示した。五ヵ条の御誓文の挿入は、前田と次田で行い、当該箇所の英訳も進められた。最後は前田を軸に、天皇側近からの注文も容れながら大晦日まで調整が続けられた（『占領期』）。

明けて一九四六年正月元日、官報によりいわゆる人間宣言の詔書が渙発された。天皇の人間宣言は、日本の民主化を内外にアピールするうえで、非常に有効だった。また、平和主義が謳われた点も特徴だった（『同前』）。「終戦善後策」でもみられなかった平和主義の思想が、天皇に成り代わって詔書をしたためたことで、幣原の戦後構想の根幹に据えられたのである。幣原の心中に大きな変化が訪れていた。

3　日本国憲法制定へ――「第九条」の発案者か

ワシントンからの指令――公職追放の衝撃

天皇の人間宣言によって、一九四六年（昭和二一）の正月は、厳かながらも希望に満ちた雰囲気に包まれていた。「天皇、自由主義的立場に立つ」（『朝日新聞』一九四六年一月三日付大阪版）、「天皇、民主化に率先」（『朝日新聞』一九四六年一月三日付東京版）と好意的な見出しが新聞紙面を飾り、マッカーサーによる歓迎の意も伝えられた。

だが、そうした雰囲気を吹き飛ばす事態が発生した。一月四日に、ＧＨＱが公職追放令（団体解散指令と人物追放指令）を発したのである。

人物追放の対象は、①戦争犯罪人、②陸海軍職業軍人、③超国家主義団体などの有力者、④大政翼賛会などの有力指導者、⑤対外膨張政策を担った金融機関や開発組織の役員、⑥満洲・台湾・朝鮮などの占領地行政長官、⑦その他の軍国主義者・超国家主義者、である。日本はこれを受け入れ、一九四八年五月までに約二〇万人を公職から追放することとなる。

幣原内閣も大打撃を受けた。年末に肺炎を患った幣原は、世田谷区岡本町の自宅で静養中だったが、指令の内容を知るなり「マックのやつ」と激高したという（『幣原喜重郎』）。一月九日になって、閣僚の半数近くに上る六名が追放の指定を受けることが明らかとなった。内閣総辞職も決意した幣原だったが、天皇をはじめ周囲からの懸命な説得もあって翻意し、改造内閣として再出発を図る。

「最後のご奉公」——病床での決断

再出発にあたって幣原の心をもっとも動かしたのは、憲法改正に消極的な幣原に対する天皇の不満であった。幣原はこれを吉田外相から聞かされたという（『最後の御奉公』／『占領期』）。これを機に幣原は改憲のあり方を模索する。

幣原はここで改憲について天皇制の擁護と絡めて構想していく。その際に、幣原が参考にしたのが、対日政策の基本文書としての最終版「ＳＷＮＣＣ１５０／４Ａ」である。前年（一九四五年）九月六日に国務省からＳＷＮＣＣに提出されたこの指令では、平和的で責任ある政府の樹立と自由な国民の意思による政治形態の確立が唱えられていた。

九月二四日付で各紙で報道されたが、外務省は九月三〇日付で「降伏後に於ける米国初期の対日方針説明」を作成し、米国は天皇制を含む日本の統治形式の存続を保障しているわけではないが、日本の政府および国民が自発的に現存の統治制度を改革することを期待しているると分析していた。それは、民主的で開かれた天皇制を保持できるとのメッセージでもあった。

統治体制の指令――SWNCC228

幣原の病状が回復しつつあるなか、一九四六年一月一一日、SWNCCからマッカーサー宛に、「日本の統治体制の改革」と題するトップシークレットの文書が到着した。俗にいう「SWNCC228」である。四〇〇〇語近くにも及ぶ原文（英文）をここでは紹介しきれないので、冒頭七項目の「結論」を要約しておこう。

その内容は、①選挙民に責任を負う政府の樹立、②選挙民に由来する行政府の権威、③選挙民を代表し予算に関する権限を有する立法府、④立法府の同意を要する予算の成立、⑤基本的人権の保障、⑥都道府県職員の民選もしくは地方庁による任命、⑦国民の自由意思が表明される方法による憲法の改正、であり、これらが日本政府に要請された。

注目すべきは、「命令」ではなく「情報」としてマッカーサーに宛てられた点である。これは、すでに極東委員会の設置が決定され（後述）、米国政府は憲法改正問題に関する指令権を失うこととなったため、マッカーサーに対する「命令」ではなく、あくまで「情報」として伝達されたのだ。

とはいえ、SWNCC228は、のちにGHQの憲法草案作成時に「拘束力ある文書」として取り扱われる。同時に米国政府は、改革や憲法改正は日本国民の発意からなされるべきだとして、改革の実施を日本政府に命令するのは、「あくまで最後の手段」であるべきだと強調していた。

第一生命ビル六階マッカーサー執務室

一月二四日正午少し前、幣原はＧＨＱ本部の置かれていた日比谷の第一生命ビルの玄関前に、秘書官、警護官の三人で降り立った。表向きの理由は、肺炎の治療薬としてマッカーサーが手配してくれたペニシリンのお礼を伝えるためだった。

花崗岩《かこうがん》の柱を擁するギリシア建築風の第一生命ビルは、戦禍を免れ、皇居を眼下に見下ろすようにその威容を誇っていた。幣原はエレベーターで六階まで上っていった。六階の北側つまり帝国劇場側には大きな旧宴会場があって、そこが民政局（ＧＳ）の部屋だった。マッカーサーの執務室は、同じ階の西南の角にある。案内係として出迎えたのは、民政局長コートニー・ホイットニー准将だった。幣原はお付きの二人を控え室に残して、一人で執務室に入っていった。

もともとは第一生命社長室だった執務室の広さは約三〇畳（五四平米）に及び、その内壁は米国産のウォールナットが使われている。インテリアは英国のチューダー王朝風で、奥の壁よりに木製の大きな机があった。幣原とマッカーサーは、その机に向かい合って座った。

この会談では二つのことが話し合われた。ひとつは天皇制の擁護についてである。幣原の申し出に、かねてよりその必要性を感じていたマッカーサーは、賛意を示した。

もうひとつは日本国憲法第九条に連なる、平和主義と戦争放棄についてである。両者の間で、新憲法の基本的な理念としての平和主義が語られ、それを実現するための戦争放棄についても合意をみたと考えてよかろう。マッカーサーの回顧録によると、二人は意気投合し、感極まった幣原は退出間際に「顔を涙でくしゃくしゃに」したという（『マッカーサー大戦回顧録』）。

これを機に、天皇制擁護の問題は、大きく動き出す。翌一月二五日、SWNCCによる、昭和天皇の訴追も含めた処遇に関する問い合わせに対し、マッカーサーは天皇を告発すれば占領に支障をきたすので、一〇〇万人の軍隊と数十万人の行政官が新たに必要だと回答した。

この電報を発して以降、マッカーサーはワシントンを沈黙させることに成功した。天皇の訴追が回避され、天皇制存続の道が開けつつあった。

『毎日新聞』によるスクープ

二月一日の朝は日本の政府関係者はもとより、GHQの職員たちも一様に驚きをもって迎えることになった。『毎日新聞』の第一面に、憲法問題調査委員会で検討されている試案（以下、「松本委員会試案」）が掲載されたのである。この試案は、委員会メンバーの宮沢俊義の作成した、いわゆる宮沢甲案と呼ばれるものに近かった。スクープされた試案の特徴は、大日本帝国憲法を添削したレベルにとどまるもので、天皇の統帥大権（第一一条）、編成大権（第一二条）、戒厳大権（第一四条）を削除し、臣民の権利義務を拡大する内容だった。

スクープは記者の西山柳造による。西山の語るところによれば、誰もいない首相官邸一階の憲法調査委員会事務室の上に放置されていた草案の冊子を社に持ち帰り、大急ぎで手分けして筆写し、二時間後に元の机の上に戻したという。この所業をめぐっては、幣原政権側による意図的なリークとするGHQ民政局の観測と、逆に民政局が手を回したリークだったのではないかという見立てもある（『日本国憲法を生んだ密室の九日間』）。

その真相はいまもって定かではないが、このスクープによって松本委員会での改憲作業が保守的であることを、世間はもとよりGHQ側に印象づけたことはたしかだった。これを機に、憲法改正作業は大きな進展をみせていく。

二月八日、松本国務相は、正式な日本政府案として閣議決定されたものではないものの、憲法問題調査委員会承認案として「憲法改正要綱」をGHQに提出した。この案に対するGHQからのコメントは、二月一三日に伝えられることに決まった。

マッカーサー・ノートに書かれた戦力不保持

他方で、『毎日新聞』がスクープした「松本委員会試案」はすぐにマッカーサーを動かした。その内容があまりに保守的で日本の民主化のために不十分であり、国内世論も代表していないと、判断したからである。

二月三日の朝、憲法草案に盛り込むべき必須の三項目が提示され、草案の作成を民政局に命じたメモが、民政局長のホイットニー准将から部下で民政局次長のチャールズ・ケーディス大佐に手渡された。

これが、前二日に、マッカーサーとホイットニーによって作成されたとされる、いわゆるマッカーサー・ノート（マッカーサー三原則）である。その三原則の第二項に、第九条の淵源となった戦争放棄が語られている。そこには、「自己の安全を保持するための手段としての戦争」をも放棄すること、「陸海空軍を持つ権能」も与えられないことが次のように明記されていた。

国権の発動たる戦争は、廃止する。日本は、紛争解決のための手段としての戦争、さらに自己の安全を保持するための手段としての戦争をも、放棄する。日本は、その防衛と保護を、今や世界を動かしつつある崇高な理想に委ねる。
日本が陸海空軍を持つ権能は、将来も与えられることはなく、交戦権が日本軍に与えられることもない。

ちなみに、天皇について言及した第一項は、英語原文だと〈Emperor is at the head of the state.〉となっている。日本語に訳すとき、長らくこれを「天皇は国家の元首の地位にある」としてきたが、この訳は正確ではないとの指摘がある。「元首」と訳すならば原文は

〈the head of state〉であるべきだという。だがこの場合、前置詞の〈at〉があり〈state〉の前に〈the〉があるので、「国のトップ（最高位）にある」と訳すのが正しいという（『日本国憲法を生んだ密室の九日間』／『憲法調査会第四回総会議事録』）。この時点でGHQは、象徴天皇制を前提とした憲法改正をすでに模索していた。

ケーディスは、この指令を実施するための作業チーム編成を構想すべく、下僚とともに丸一日を費やす。

翌二月四日の朝一〇時、ホイットニー民政局長は民政局行政課のメンバー二一人を集めた。課員は全部で二五人いたが、通訳の四人はこの日のミーティングに呼ばれなかった。ホイットニーは要領よく以下の五点を指示した。

①この作業は完全に秘密裡《り》に行うこと、②業務では暗号を用いること、③マッカーサー・ノートは「最高機密」として扱うこと、④作業は小規模な実務小委員会に分けて行い、小委員会の作業は全体委員会もしくは運営委員会によって統合される、⑤二月一二日には新憲法草案をマッカーサーに承認してもらう必要がある。そのためには、マッカーサーに提示するための仮草稿（下書き）を週末、すなわち九日の土曜日までに完成させること。

これに続いてケーディス民政局次長が、前日の夜遅くまでかけて練り上げた憲法草案策定のための小委員会の編成を口頭で指示した。

ここまでに要した時間はわずかに一〇分。二一人は、与えられた任務の重大さと締切りまで一週間とないハードさとに驚きながらも、すぐさま作業に取りかかった。

留意すべきは、マッカーサー・ノートに加え、それ以前にGHQが受け取っていたSWNCC150/4AやSWNCC228をも加味して、課員たちが新憲法草案の作成に着手した点である。ことにケーディスは、不戦条約や国連憲章も参照しながら作業に当たった。

当時四〇歳のケーディスは、軍務に就く以前、コーネル大学とハーバード大学のロースクールを出た、敏腕弁護士として活躍していた。そのケーディスがくだんの戦力不保持に関する条項の草案作りを担当した。

ケーディスが語るところによると、「自己の安全を保持するための手段としての戦争をも」と「日本は、その防衛と保護を、今や世界を動かしつつある崇高な理想に委ねる」の二ヵ所を、独断で削除したという。その理由は、「あまりに理想的で、現実的ではないと思ったから」だった(『日本国憲法を生んだ密室の九日間』/『自主独立とは何か』前編)。もっとも、この戦力不保持の条項は、実際には、第九条第二項として復活することになる。

極東委員会の設置と草案作成の加速

実は、マッカーサーにとって、新憲法草案策定を急がねばならない深刻な理由があった。すでに、極東委員会と対日理事会の設置が決定されていたのである。

ことに連合国による対日占領政策の最高意思決定機関としての極東委員会は、マッカーサー主導で進めてきた占領政策を大きく拘束することが予想された。さらには、憲法改正事業が極東委員会の決定に基づかねばならないと合意されたこともマッカーサーを拘束した。極東委員会の発足は二月二六日に予定された。

マッカーサーは、先述のSWNCC228によっても憲法改正を促されていた。しかもそれは、日本国民が発意したという形式で成し遂げるようにという、難しい注文を付けられていた。まさに「二重の拘束」（『占領期』）だった。

しかし換言すれば、極東委員会の発足前ならば憲法改正の権限は依然マッカーサーの手中にあることになる。その権限が自らにあるうちに日本国憲法を作り上げ、それを国内外に知らしめる必要がある。マッカーサーに残された時間は少なかった。日本国民の自由意思に基づく、内発的な発意による憲法改正こそが天皇制擁護の切り札になると考えていたマッカーサーは、二月一二日の完成に向けて憲法改正作業に下僚を当たらせた。

私擬憲法草案――憲法研究会と高野岩三郎

憲法草案作成が進むなか、民政局はそれまで参照し分析してきた在野の憲法草案に着目する。ことに高野岩三郎が中心となって立ち上げた憲法研究会の改正案は参考にされたという。

高野は、もともとは東京帝大教授として統計学を講じていたが、労働運動家の兄房太郎《ふさたろう》の影響で、労働問題に関心を深め、東京帝大教授を辞して大原社会問題研究所の創立に参画し、一九二〇年（大正九）には所長に就任している。その高野らが中心となって戦後に組織したのが憲法研究会である。高野は幣原と帝国大学を同期で卒業した「二八会」のメンバー同士という間柄だった。立場は異なったが、二人は月に一度開催される二八会で顔を合わせていた。

憲法研究会は高野の呼びかけで結成された有志の会であり、憲法史研究者の鈴木安蔵《すずきやすぞう》を中心に、ほかに杉森孝次郎《すぎもりこうじろう》、森戸辰男《もりとたつお》、岩淵辰雄《いわぶちたつお》らが参加して草案を作成した。「統治権は国民より発す」として天皇の統治権を否定し、国民主権の原則を採用する一方、天皇は「国家的儀礼を司る」として天皇制の存続を認める内容だった。

ここに、戦争放棄や軍備についての記載はない。この案は、一二月二六日に「憲法草案要綱」として内閣へ届けられ、GHQにも届けられた。GHQはこの案に注目し、「民主的で賛成できるもの」と高く評価していた(『日本国憲法制定の過程Ⅰ』)。

ただし、敗戦直後に日本社会党の創立に参加した高野にしてみれば、憲法研究会の草案は物足りなかった。主権在民の原則を徹底しようと考える高野にとって、天皇制は真っ先に打倒すべき対象だった。高野は、共和制樹立を志向した「日本共和国憲法私案要綱」を一九四五年一一月下旬に起草し、完成稿を鈴木に手渡した。

その案は、大統領制の採用に加え、土地や公益上必要な生産手段を国有化するといった、共産主義的な思想に裏打ちされた点を特徴とする。高野は次のように述べる。「五年十年後連合国の威圧力緩減したる暁において、反動分子が天皇を担ぎあげて再挙を計ることも決して絶無なりとは断じがたい」（『朝日新聞』一九四六年一月一四日付）と。

だが、そのような高野をもってしても、戦争放棄の条項を草案に盛り込むことはできなかった。高野は、日本政府による新憲法案の公表（一九四六年三月六日）に際して、「こんなものを……」と思わず痛嘆したというが、それは戦争放棄を盛り込めなかったことへの後悔と敗北感からだった。ただ、後述するように、このことが幣原発案説、マッカーサー発案説の帰趨を見定めるうえで、重要な論点になる。

GHQ案の手交

二月一三日の東京の朝は、摂氏零度近くまで冷え込んだ。だが、日の出とともに日差しに恵まれ、穏やかな小春日和となった。本格的な春の訪れが近づいていることを予感させる、そんな日だった。

午前一〇時、麻布の外相官邸では、吉田茂、松本烝治、通訳の三名が、GHQのホイットニー民政局長とケーディス民政局次長ほか二名の来訪を受けた。この日、日本政府は二月八日にGHQ側に提出した憲法問題調査委員会案「憲法改正要綱」に対するコメントを受ける予定になっていた。GHQの一行を出迎えたのは、終戦連絡事務局参与の白洲《しらす》次郎《じろう》である。

白洲に案内された一行は、米国側の記録によれば、「サン・ポーチ」と記される部屋に通された。その名の通り日差しが注ぐ暖かい部屋だった。そこに、吉田と松本と通訳の三人が待っていた。歓迎を受けたホイットニーたちGHQの四人は、促されて太陽を背に座った。向かい側の日本側の席は、陽光に照らされて白く輝いている。会談の座が整った。

頃合いを見計らっていたホイットニーは、やおら話し始めた。そのゆっくりとした口調は、いつも以上に荘厳で、威圧感さえ漂っていた。米国側の記録によれば、ホイットニーは次のように語ったという。「先日、あなた方から提出された憲法改正案は、自由と民主主義のための文書として、最高司令官が受け入れることができないものです。しかし、最高司令官は、日本の人々が、過去に経験した不正と専制支配から彼らを守る、自由で啓発的な憲法を熱望していることを十分に理解しており、ここに持参した文書を、日本の情勢が要求している諸原理を満足させているものとして承認し、あなた方に手交するよう命じました」(『憲法制定の経過に関する小委員会報告書』にも同様の記述あり)。

ホイットニーが話し出してすぐに、吉田は、おや、と思った。この日は先般提出した「憲法改正要綱」に対するコメントを聞くはずだったのだが……、との思いが脳裏をかすめた。だが、それもつかの間、吉田の顔は「ショックと憂慮の色を隠しようもない表情へと変わっていった。「この時のすべての雰囲気は、劇的緊張に包まれていた」という(『同前』)。

ホイットニーはさらに続けた。この案は、司令部にも米国にも、また連合国極東委員会にも承認されるべきものである。マッカーサー元帥は、かねてから天皇の地位について深い考慮をめぐらせてきたが、その目的を達するには、日本政府がこの提案のような憲法改正を提示することが必要である。これなくして天皇の身体は保障されない。日本政府にこれを命ずるわけではないが、日本政府が総司令部案と基本原則および根本形態を同じくする改正案を速やかに作成して提出することを切望する（『回想十年』第二巻）。

こう言い終わるとホイットニーは、しばらく散歩してくるのでその間にGHQ案に目を通しておくようにと言い残し、草稿のコピーの束を日本側に手渡すよう下僚に命じた。コピー番号の第六号が吉田に、第七号が松本に、第八号が通訳に、第九号から第二〇号が白洲の手に渡った。一行は陽光の降り注ぐ庭に出て行った。一〇時一〇分だった。

サン・ポーチに残された日本側は、すぐさまGHQ案を読み始めた。それはある意味、苦行にも似た作業だった。というのも、彼らは一様に次のようなショックを受けながら、草案を読まねばならなかったからである。

まず前文として妙なことが書いてある。それから天皇は象徴である、シンボルであるという言葉が使ってあった。憲法のようなものに、文学書みたいなことが書いてあると思って大いにびっくりした（『憲法制定の経過に関する小委員会報告書』）。吉田も「これは飛んでもないものを寄こしたものだ」と思った（『回想十年』第二巻）。

さらに、「第二章　戦争の廃棄」の第八条には次のようにあった。

第八条　国民の一主権としての戦争は之《これ》を廃止す。他の国民との紛争解決の手段としての武力の威嚇《いかく》又は使用は永久に之を廃棄す。
陸軍、海軍、空軍又は其の他の戦力は決して許諾せらるること無かるべく、又交戦状態の権利は決して国家に授与せらるること無かるべし。
（国会図書館憲政資料室所蔵、入江俊郎文書一五、「三月六日発表憲法改正草案要綱」）

第一項で戦争放棄が、第二項で戦力の不保持と交戦権の否認がそれぞれ規定されていた。この第八条が日本政府内での審議を経て、やがて第九条へと修正されていく。

一〇時四〇分にホイットニー一行が部屋に戻ってきて、二、三の応酬があったものの、日本側は政府に持ち帰って熟議を重ねることに決し、会談を終えることにした。

会談終了間際、ホイットニーは重ねて次のように述べた。最高司令官は、天皇を戦犯として取り調べるべきだという、他国からの強まりつつある圧力から、天皇をお護りしようという固い決意を持っています。これまでも最高司令官は天皇を護ってまいりました。そうすることが正義に合致すると考えていたからで、今後も力の及ぶ限りそうするでしょう。しかし最高司令官といえども、万能ではありません。ただし、最高司令官はこの新しい憲法の条項を受け入れるならば、事実上、天皇は安泰になると考えています。

そして最後にこう語った。もっとも、最高司令官はこれを要求しているのではありません。

しかし、最高司令官はこの案に示されているさまざまな原則を、国民に示すべきであると考えています。最高司令官は、可能ならばあなた方自身の手で示されることを望んでいますが、それができないならば最高司令官自身で行うつもりです。

一行は、外相官邸を辞していった。時計の針は一一時一〇分を指していた。世紀の会談はわずか一時間あまりで終了したのである。松本は、ホイットニー発言を脅迫に近いものとして受け取った。「こんなもの、とてもだめだ」との一心で、草案を政府に持ち帰った。

幣原の〝驚愕〟

松本国務相はすぐさま、幣原首相に報告した。すると幣原は、一瞬、驚愕の表情をみせたという。幣原がまず驚いたのは、象徴やシンボルといった文言に対してだった。後述するように、幣原はこの時点で象徴天皇制を支持していなかった。だが、それ以上に幣原が目を見張ったのは、戦争放棄しかも戦力不保持にまで踏み込んだ条文だった。

一月二四日の会談では、平和主義と紛争解決手段としての戦争放棄について、たしかにマッカーサーと意気投合し了解しあった。だが、日本が戦力を放棄することなど、合意した覚えはない、いったいマッカーサーは何を考えているのだろうか……。幣原の脳裏をめぐったのは、おそらくこの一事だったのではあるまいか。

幣原の驚愕ぶりは、天皇への拝謁が即日に行われなかったこと、さらに閣議が六日間も開かれなかったことに表れている。国政上、これほどの重大事態はなかなかないだろう。拝謁が二月一四日午後まで行われず、しかも拝謁時間が一時間半もあったにもかかわらず、その場でGHQの憲法草案を奏上・提出した形跡はない。閣議が開催されるまでの六日間、幣原、吉田、松本、白洲、通訳官の五人がGHQの憲法草案の存在について秘匿し続けたというのも、異常事態だった。

このことは、GHQの憲法草案を相手方に押し返せば、つまりは日本側の見解を再度申し入れれば、修正や不受理の余地があるのではないか、という楽観的な見通しを日本側が持っていた証拠である。結局、日本政府としてはGHQの憲法草案を受け入れたくはなかった。

だからこそ、二月一五日には白洲次郎をGHQに遣わし、有名ないわゆる「ジープ・ウェイ・レター」を届けさせた（写真参照）。ジープ・ウェイ・レターという呼称は、白洲が用いた巧みな比喩《ひゆ》に由来する。白洲はこの書簡のなかで、あなた方（GHQ）の憲法改正への道のり（YOUR WAY）が直線的でエア・ウェイ（飛行機で一気に飛んでいくやり方）なのに対して、彼ら（日本側）の道のり（THEIR WAY）は曲がりくねったジープ・ウェイ（車で迂回《うかい》しながら進んでいくやり方）だと説明し、自らイラストを書いて説明したのである。そこには、双方の目的は同じでただ辿り着き方が違うだけなのだ、だから日本側のやり方を尊重し、日本側草案にも配慮してほしい、という希望が込められていた。

さらに、松本は日本政府案の再説明書「憲法改正案説明補充」を作成し、二月一八日に白洲を通じてGHQに提出した。そこには、日本案が実は英国式の議会制民主主義を取り入れた進歩的な内容であること、日本案とGHQ案との間には「大なる径庭」などないことが述べられていた。民主化の徹底が強く要求されていることに、松本は無理解で無自覚だった

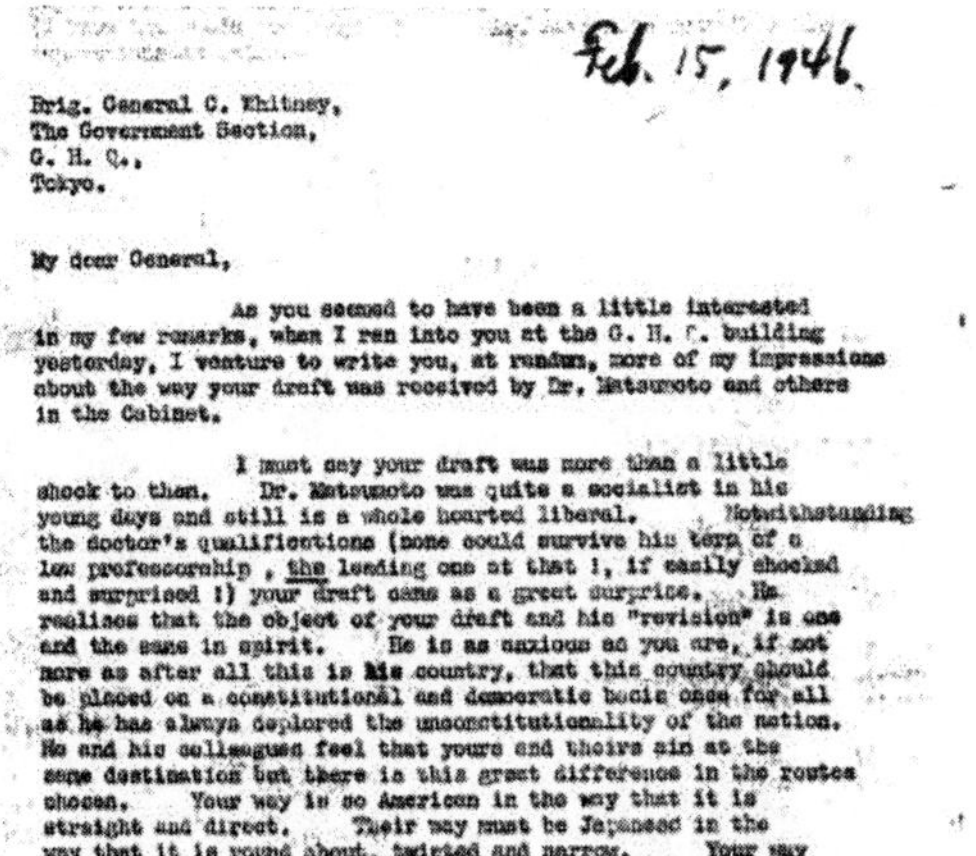

Feb. 15, 1946.

Brig. General C. Whitney,
The Government Section,
G. H. Q.,
Tokyo.

My dear General,

As you seemed to have been a little interested in my few remarks, when I ran into you at the G. H. Q. building yesterday, I venture to write you, at random, more of my impressions about the way your draft was received by Dr. Matsumoto and others in the Cabinet.

I must say your draft was more than a little shock to them. Dr. Matsumoto was quite a socialist in his young days and still is a whole hearted liberal. Notwithstanding the doctor's qualifications (none could survive his term of a law professorship , the leading one at that !, if easily shocked and surprised !) your draft came as a great surprise. He realises that the object of your draft and his "revision" is one and the same in spirit. He is as anxious as you are, if not more as after all this is his country, that this country should be placed on a constitutional and democratic basis once for all as he has always deplored the unconstitutionality of the nation. He and his colleagues feel that yours and theirs aim at the same destination but there is this great difference in the routes chosen. Your way is so American in the way that it is straight and direct. Their way must be Japanese in the way that it is round about, twisted and narrow. Your way may be called an Airway and their way Jeep way over bumpy roads. (I know the roads are bumpy !) Dr. Matsumoto described his impressions as under:-

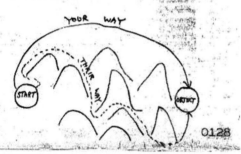

新憲法制定での日本側の複雑な事情を説明した書簡「ジープ・ウェイ・レター」の１枚目。白洲次郎が GHQ ホイットニー民政局長に提出した（外交記録 A’　3.0.0.2-1所収）

（『自主独立とは何か』前編）。それは、幣原をはじめとする政府要人たちも同じだった。

いまからみれば楽観するにもほどがあるが、このときの政府は、事の重大性について理解していなかった。それゆえ「ジープ・ウェイ・レター」を発出し、「憲法改正案説明補充」を提出した。何よりこの判断を下したのは、幣原だった。

GHQの憲法草案の存在を知り得ている五人のなかで、これらの発出と提出を指示できるのは、幣原を措《お》いてほかにいない。幣原はGHQ草案の受け入れに、きわめて消極的だった。

紛糾する閣議

だが、幣原は自らの見立ての甘さを、すぐさま思い知らされることになる。

GHQは、「ジープ・ウェイ・レター」にも「憲法改正案説明補充」にも、まったく興味を示さなかった。それどころか、「大憤慨」したホイットニーとケーディスから強烈な逆襲を受ける。ホイットニーは、「憲法改正案説明補充」を持参してきた白洲に向かって、次のように言い放った。四八時間以内（二月二〇日水曜日午後まで）に回答せよ、さもなくばGHQ案を当方で発表する、と。二月一八日午後三時三〇分のことだった。

さすがに窮《きわ》まった幣原は、翌二月一九日に閣議を開く。首相の周辺がとたんに騒がしくなる。

二月一九日午前一〇時一五分に開始された閣議は荒れに荒れた。三土忠造《みつちちゅうぞう》内相や岩田宙《いわたちゅう》造《ぞう》法相が、受け入れに反対した。そのなかで芦田厚相だけは、建設的で合理的な発言をしている。

自分は此時発言して、若《も》しアメリカ案が発表せられたならば我国の新聞は必ずや之に追随して賛成するであろう。其際《そのさい》に現内閣が責任はとれぬと称して辞職すれば、米国案を承諾する連中が出てくるに違いない、そして来るべき総選挙の結果にも大影響を与えることは頗《すこぶ》る懸念すべきであると。

（『芦田均日記』第一巻）

芦田はさらに、「形勢がかくなる以上、遅疑すればＳｃａｐ案が洩《も》れるに極《きま》っている。政府としては何等か早く手をうたねばならぬ」（『同前』）とも述べている。

結局のところ、幣原が至急マッカーサーと面会して、真意を確かめることになった。約束の回答期限だった二月二〇日を延期するよう白洲が頼み込み、ホイットニーから二二日午後までと了承を引き出す。これを受け会談は二一日と決まった。この会談が日本の国のあり方と将来にとって重大な意味を持つことになる。

二段階論と壮大な芝居

二月二一日午前一一時に始まった幣原とマッカーサーの会談は、二時間近くにも及んだ

（幣原喜重郎手帳、昭和二〇年、憲政資料室収集文書一四八四—一）。この会談がその後の日本の指針を決定づけることになる。その意義は、平和主義志向を強めていた幣原が、マッカーサーが要望する戦力不保持の憲法条文化に対して理解を示したことにある（『占領期』）。

一月二四日時点では、平和主義と「不戦条約」レベルでの戦争放棄に賛成しつつも、戦力不保持を条文化することにまで考えを及ばせていなかった幣原は、この二月二一日の会談で、戦力不保持の条文化への意思を固めた。そして、この会談で幣原は、その発案者は自分（マッカーサー）ではなく、あなた（幣原）であるべきだ、とマッカーサーに説得されたとみるべきだろう。マッカーサーがかねてから案じているように、新憲法はあくまでも日本国民による自由意思から出たものであるべきで、決してGHQからであってはならない。この点は幣原も深く同意するところだった。

かくして幣原は、二月二一日を境として憲法第九条の「発案者」となった。発案者は自分だと唱え続け、それを墓場までもっていくことを決意した幣原は、壮大な芝居を打つことになったといえまいか。

こうした考えは、幣原の戦力不保持の受け入れがマッカーサーの主導により二段階で進んだという、マッカーサー発案説にほかならない。これを否定する論者の幾人かは、幣原が憲法問題調査委員会発足時に改正に消極的な姿勢を示したことも、二月一三日に「驚愕」したことも、すべては幣原の芝居だと推測する。だが、その推測は間違いだろう。幣原が打った芝居は、そのような姑息《こそく》なものではなく、残りの一生涯をかけて演じられたものだった。

第九条の発案者は誰か

周知のように、戦争放棄を規定した日本国憲法第九条の発案者は誰なのかという問いは、長らく歴史の謎とされている。

膨大な先行研究の蓄積があり、いずれもがこの謎に挑んできた。ただ、現存する公文書や回想録といった史料に依拠して、いったいどちらが発案者なのかを確定することは、もはや不可能だとする指摘もある（『新憲法の誕生』）。たしかに、史料を根拠に発案者を実証することは一種の閉塞《へいそく》状態にあり、解釈の仕方を競うレベルで議論が蓄積されているのが現状である。幣原発案説、マッカーサー発案説は、おおよそ表3のような状況にある。

幣原発案説の代表的なものとして、三点ほど紹介しておこう。マッカーサーの回想録では「首相はそこで、新憲法を書上げる際にいわゆる「戦争放棄」条項を含め、その条項では同時に日本は軍事機構は一切もたないことをきめたい、と提案した」（『マッカーサー大戦回顧録』）と語られている。

幣原自身も「憲法の中に、未来永劫《えいごう》そのような戦争をしないようにし、政治のやり方を変えることにした。つまり戦争を放棄し、軍備を全廃して、どこまでも民主主義に徹しなければならないということは、他の人は知らないが、私だけに関する限り、前に述べた信念から

表3　憲法第9条の幣原発案説とマッカーサー発案説

〈幣原発案説〉

	名前	著作・史料・証言など
同時代人・関係者	幣原喜重郎	『外交五十年』（1951年）
	ダグラス・マッカーサー	『マッカーサー大戦回顧録』（原文 Douglas MacArthur Reminiscences, 1964）
	青木得三（戦争調査会事務局長官）	憲法調査会での発言（憲法制定の経過に関する小委員会第8回、1958年7月10日）
	大地真（衆議院事務局長）	『憲法制定の経過に関する小委員会報告書』（1964年）
	平野三郎（衆議院議員）	「幣原先生から聴取した戦争放棄条項等の生まれた事情について」（1951年）
研究者・ジャーナリスト	髙柳賢三	『天皇・憲法第九条』（1963年）
	小林直樹	『憲法第九条』（1982年）
	深瀬忠一	「幣原喜重郎の軍縮平和思想と実行」（1986年）
	河上暁弘	『日本国憲法第9条の成立と思想的淵源の研究』（2006年）
	大越哲仁	『マッカーサーと幣原総理』（2018年）
	笠原十九司	『憲法九条と幣原喜重郎』（2020年）

だった」（『外交五十年』）と語っている。

　同様の語りは、平野《ひらの》三郎《さぶろう》衆議院議員によるインタビューの報告書にもうかがえる。一九五一年二月下旬、平野が衆議院議長の幣原を自宅（世田谷区岡本町）に訪ねてインタビューし、のちに憲法調査会へ提出した報告書「幣原先生から聴取した戦争放棄条項等の生まれた事情について――平野三郎氏記」には、「長い間僕が考えた末の最終的な結論というようなものだ。〔中略〕戦争をやめるには武器を持たないことが一番の保証になる」と記載されている。

〈マッカーサー発案説／幣原発案説否定〉

	名前	著作・史料・証言など
同時代人・関係者	松本烝治（憲法問題調査委員会委員長）	『日本国憲法の草案について』（1958年）
	芦田均（厚相、首相）	『芦田均日記』（第1巻、2012年）
	吉田茂（外相、首相）	『回想十年』（第2巻、1957年）
	幣原道太郎（喜重郎長男）	「解説」『外交五十年』（1974年）
	岸倉松（幣原首相秘書官）	『憲法制定の経過に関する小委員会報告書』（1964年）
	マクマホン・ボール（対日理事会英連邦代表）	『日本占領の日々』（原文 A. Rix 編 International Diplomat, 1985）
研究者・ジャーナリスト	田中英夫	『憲法制定過程覚え書』（1979年）
	古関彰一	『新憲法の誕生』（1989年）、『日本国憲法の誕生〈増補改訂版〉』（2017年）
	鈴木昭典	『日本国憲法を生んだ密室の九日間』（1995年）
	佐々木高雄	『戦争放棄条項成立の経緯』（1997年）
	五百旗頭真	『占領期』（1997年）
	西修	『日本国憲法成立過程の研究』（2004年）
	服部龍二	『幣原喜重郎と二十世紀の日本』（2006年）
	塩田純	『9条誕生』（2018年）
	種稲秀司	「幣原喜重郎と日本国憲法第九条」（2019年）

しかし、これらに対する疑問も根強い。ここでは二点ほど挙げておこう。まず、幣原の長男道太郎による「第九条は父の本心に反して押付けられたにも拘《かか》わらず、占領下にあって真相を一切口にすることの出来なかった父が涙を呑《の》んで自らを提案者と言わせられた」（「解説」、『外交五十年』）との証言である。

次に『芦田均日記』である。GHQの憲法草案提示を説明した一九四六年二月一九日開催の閣議の様子として、「三土〔忠造〕内相、岩田〔宙造〕法相は、総理の意見と同じく〝吾々は之〔GHQの憲法草案〕を承諾できぬ〟と云い、松本国務相は頗《すこぶ》る興奮の体に見受けた」と、幣原が戦争放棄を謳ったGHQ案の受け入れに反対だった旨が記載されている。

双方の論者から根拠として利用される史料もある。中学校時代からの幣原の親友である大平駒槌の息女羽室《はむろ》ミチ子が、幣原から大平が聴き取ったことを語った内容をメモした、いわゆる「羽室メモ」である。とりわけ、「つづいてあれこれ話をしているうちに、僕はかねて考えていた、戦争を世界中がしなくなる様になるには、戦争を放棄すると云う事以外にないと考えると云う事を話し出したところが、マッカーサーは急にたちあがって両手で手をにぎり、涙を目にいっぱいためて、その通りだと云いだしたので、幣原は一寸《ちょっと》びっくりしたと云う」(「大学ノート版「羽室メモ」」)というくだりが頻繁に参照される。

発案者をめぐっては、以上のような理解と主張とが併存している。だが、第九条に連なる戦力不保持の発案者は、マッカーサー以外には考えられない。

天皇制のあり方をめぐって

まず確認しておきたいのは、一月二四日の幣原・マッカーサー会談で、天皇制保持と戦争放棄がセットで了解されたという点である。これについては、幣原発案説、マッカーサー発案説の双方の論者とも認めている。

そのうえで留意すべきは、この会談で幣原がすでに象徴天皇制を構想していたとみなす見解である（『憲法九条と幣原喜重郎』）。だが、これは誤りである。なぜなら一九四六年二月初頭時点で、幣原は天皇を国家的儀礼のみに従事させることに反対しているからである。憲法研究会が「憲法草案要綱」を政府に提出したのは、前述のとおり一九四五年一二月二六日のこと。それから約ひと月経ち、「松本委員会試案」のスクープ後に、高野岩三郎が幣原に面会し、同案について説明した時のやりとりがある。

「松本委員会試案」ではダメだと直言する高野は、天皇は国家的儀礼のみに従事する方が大権を保持するより皇室の安泰にとってむしろ好都合ではないかと幣原に迫った。この高野の発言に対して、幣原は「どうも国家的儀礼だけでは困るんだ」と、天皇の政治的権能の一部を残置させる考えを示している（『憲法制定の経過に関する小委員会第二十一回議事録』）。幣原にとって憲法研究会の「憲法草案要綱」は、「どうも行き過ぎだ」（『同前』）と評さねばならない内容だった。

さらに幣原は「国家的儀礼というものは、おそれ多い」（『同前』）とも発言していた。幣原は天皇大権を奪うことに慎重であり、恐れていたといえる。このことは、一九四六年二月初頭時点の幣原が象徴天皇制を構想できていなかった事実を示している。

そもそもこの時点で象徴天皇制を構想できたのは、GHQを除いてほとんど存在しない

表4　各憲法草案と戦力・天皇制の関係

憲法草案	戦力	天皇制
高野岩三郎「日本共和国憲法私案要綱」（1945.11.21／公表は46.2月）	保持	廃止（共和制）
憲法研究会「憲法草案要綱」（1945.12.26）／鈴木安蔵、森戸辰男、高野岩三郎	保持	象徴天皇制
憲法問題調査委員会「憲法改正要綱」（1946.2.8）／幣原、松本烝治、美濃部達吉	保持	政治的権能の残置
GHQの憲法草案（1946.2.13）	不保持	象徴天皇制

（『立憲君主制の現在』）。表4に掲げたように、日本人グループでは、わずかに「憲法草案要綱」を策定した憲法研究会のみである（共産党の「日本共産党の日本人民共和国憲法（草案）」は一九四六年七月八日公表）。憲法研究会のメンバーだった森戸辰男は、一九四五年一一月時点で、天皇を「道義的象徴」以上のものにしてはならないと述べている（「憲法を作った人々」）。

何より森戸は「「戦争ができぬ」平和国家と「戦争を欲せぬ」平和国家がある」として、後者を選択すべきだと主張した（「平和国家の建設」）。森戸は、象徴天皇制とともに平和国家のあり方を具体的に説いている。

この点に関して、幣原は、認識を大きく違えていたし、後れをとっていた。幣原は、GHQの憲法草案が提示されるまで、象徴天皇制を支持しておらず、それに適合する平和のあり方を具体的に追求していなかったからだ。

戦力不保持という論理

戦力不保持という論理は、いったいどこから誰によって導き出されたのだろうか。国民の生命・財産を預かる一国の最高責任者としての幣原が、戦力放棄という選択や判断を行うことは、果たしてあり得たのだろうか。売国奴との誹《そし》りを免れない話でもある。

実は、幣原は軍の残置を構想していた。それは次の点から傍証できる。

一九四六年二月八日に「憲法改正要綱」(「松本案」)をGHQに提出した際、松本委員長は、二通の説明書を添えた。そのうちの一通が「憲法中陸海軍に関する規定の変更について」であり、軍の存在を明記していた。これに幣原も賛成している(『日本国憲法の草案について』)。

事実、対日理事会英連邦代表でオーストラリア人のウィリアム・マクマホン・ボールの日記によれば、日にちが明確ではないが幣原は「どのような軍隊なら保持できるのですか」と、マッカーサーに尋ね、「如何なる軍隊も保持できない」とのマッカーサーの回答に対し、幣原は「戦争放棄ということですね」と念押ししている。前述の説明書の内容を踏まえると、おそらく二月二一日の会談での会話だと思われる。もし、幣原が第九条の発案者なら、このようなやりとりが行われたわけがない。

むろん天皇の政治的権能を残置しようとした幣原も、その権能に軍事大権を想定してはいない。「憲法改正要綱」では、軍事大権が削除されていた。だが、天皇の政治的権能の一部

図　象徴天皇制と戦力不保持の思想構造（1946年２月13日時点）

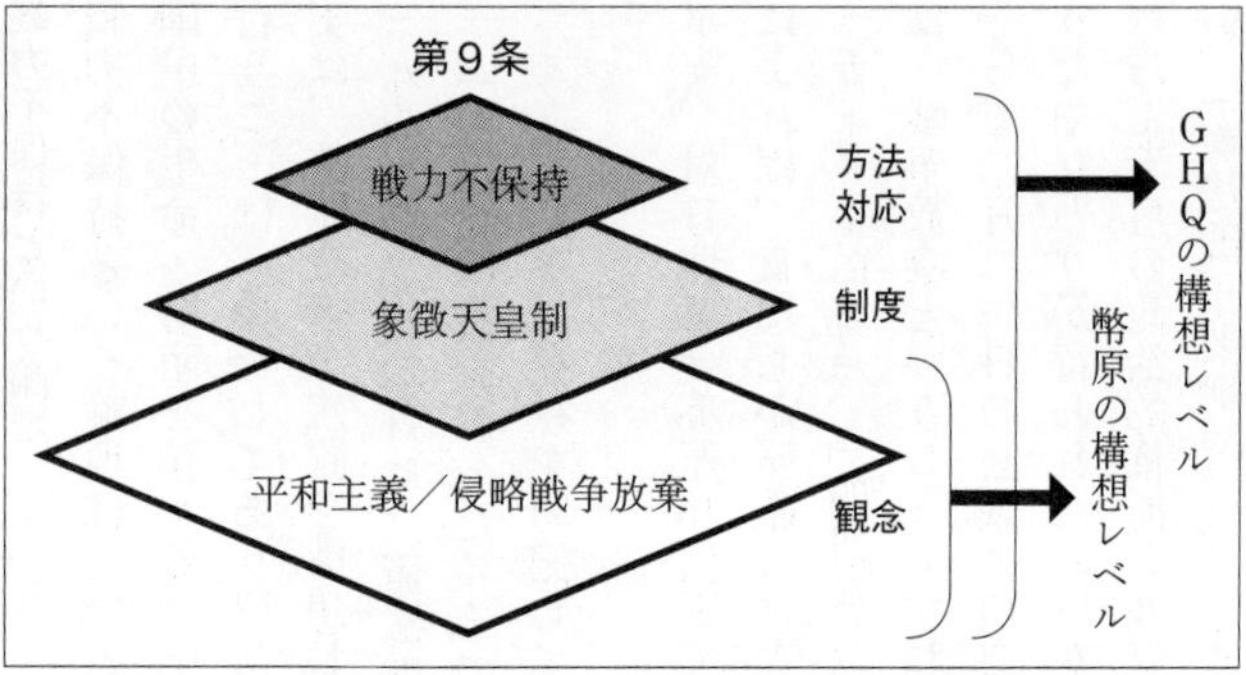

を残そうと幣原が考えていたことはたしかだろう。そうである以上、戦力不保持、すなわち自衛権という主権国家としての重大な権利を放棄した場合、首相自らだけでなく、天皇にまで政治的責任が及ぶ可能性がある。そう考える幣原に、少なくともGHQ草案に触れ（二月一三日）、マッカーサーとあらためて会談を行う（二月二一日）までは、戦力不保持の構想も覚悟も備わってなどいなかったのではないか。

何よりも戦力不保持の論理は、原理的に米国の戦略（占領政策）に適っている。先行研究が指摘するように、戦力不保持は日本の軍国主義の復活を警戒する米国側が懲罰的な意味合いを込めて発想したものといえる（『戦争まで』）。マッカーサー・ノートがそれに言及していたのも、それゆえである。「第九条」の発案者は、マッカーサーでなければならない。

要するに、戦力不保持と象徴天皇制は、一見すると別個の問題に見えて、実は連関している（図参照）。その最下層（基層）に〈平和主義／侵略戦争の放棄〉が据えられ、その上位に〈象徴天皇制〉が、さらにその上位に〈戦力不保持〉が重層的に構造化されていると考えたらよいだろう。「第九条」は、そうした思想構造の最上位概念として顕現した条項だといえよう。

幣原が第九条の発案者として振る舞う覚悟を決めることができたのは、二月二一日のマッカーサーとの会談で、象徴天皇制を了解したからであった。憲法第九条に連なる「戦力不保持の受け入れ」の前提には、「象徴天皇制の受け入れ」があった。

かくして幣原の決心は固まった。あとは、これを天皇に奏上するだけである。天皇への拝謁は、二月二二日の午後に決まった。

4　国際社会復帰の模索——単独講和への支持

「これでいいじゃないか」

二月二二日の閣議を踏まえ、幣原は午後二時五分に皇居御文庫で天皇に拝謁した。このとき初めて、幣原はGHQの憲法草案を天皇に提出した。草案を受け取ってからすでに九日が経過していた。

天皇は、GHQの憲法草案をまるで予見していたかのように、「最も徹底的な改革をするがよい。たとえ天皇自身から政治的権能を剝奪《はくだつ》するほどのものであっても、全面的に支持する」（『幣原喜重郎』）と語った。別の史料によると、ＧＨＱの憲法草案を読んだ天皇は、「これでいいじゃないか」とまで発言したという（立教大学図書館蔵「新憲法制定に関する松本烝治先生談話〈一九四七〉、宮沢俊義文庫Ｃ五七「日本国憲法成立史」ファイル三二収録／「〈資料〉宮沢俊義文庫（２）：新憲法制定に関する松本烝治先生談話（一九四七）」）。

それは、これまで天皇制擁護を第一に掲げて国務に当たってきた幣原への、天皇からのねぎらいの言葉でもあった。幣原はこれを機に腹を決め、政府案作成を加速させる。

三月六日、政府は「憲法改正草案要綱」を発表し、マッカーサーは承認の声明を即座に発出する。

四月一〇日実施の第二二回衆議院総選挙の結果、日本自由党が第一党になり、幣原率いる進歩党は第二党に転落する。これによって幣原内閣は総辞職した。その後、新憲法制定に向けた作業は、五月二二日に成立した吉田茂内閣のもとで続けられた。六月二六日には衆議院帝国憲法改正案委員会を設置し、審議を経て一一月三日に日本国憲法が公布された。この日、皇居前広場では、日本国憲法公布記念祝賀都民大会が開催された。

戦争調査会と幣原

他方で、憲法改正作業と併行しながら、幣原は、総裁として戦争調査会に関わっていた。

戦争調査会とは、一九四五年一〇月三〇日、幣原内閣の下に設けられた「今次戦争の実情に関する事項を調査審議する」（「大東亜戦争調査会官制」第一条）ことを目的とする機関、つまり太平洋戦争の総括を日本の手で行おうとするものだった。当初の名称は、「大東亜戦争調査会」だったが、ＧＨＱから「大東亜戦争」との文言の使用を禁止する指令を受け、翌一九四六年一月に戦争調査会に改称した。副総裁に芦田均が就き、ほかに高木八尺、馬場恒吾（読売新聞社社長）、大内兵衛《おおうちひょうえ》（東京帝国大学教授）、和辻哲郎《わつじてつろう》（同）など、戦前からのリベラリストが多く集められた（「吉田茂の時代」）。

設置当初は、「永続的性質」を帯びた機関としてその活動が期待されたが、一九四六年九月三〇日、わずか一〇ヵ月の活動期間をもって廃止される。その理由は、対日理事会で、戦争調査会の活動と必要性についてソ連と英連邦諸国の代表から疑義が呈されたからだった。

ソ連代表は、侵略戦争の原因の調査という任務は極東軍事裁判に属していると指摘し、戦争調査会のメンバーに元軍人が含まれている点などを問題視した。英連邦諸国代表は、戦争調査会の目的が戦争に対する真摯《しんし》な反省なのか、次なる戦争への準備なのかが不明であることと、戦争調査会の結論と連合国の判決とが不一致の場合の対処に関する不透明さ、などを理由に反対した。

ただ、総裁の幣原は、平和主義の重要性を一九四六年三月二七日開催の第一回総会で次のように述べた。

申すまでもなく我々が斯《か》くの如き失敗を将来再び繰返さぬと申しましたのは、毛頭会稽《かいけい》の恥を雪《そそ》がんとするような意思ではありませぬ。再び戦争を惹《ひ》き起してそれを勝利に導かんとするが如き意味は少しも持って居りませぬ。先般政府の発表致しましたる憲法改正草案要綱第九に於きまして、国家の主権の発動として行う戦争及び武力に依る威嚇又は武力の行使と云うことを他国との間の紛争の解決の具とすることは永久に之を放棄すると云うことが掲げられてあります。斯くの如き憲法の規定は現在世界各国何《いず》れの憲法にも其の例を見ない所でありまして、独り陸海空軍其の他の戦力の保持は之を許さず、国の交戦権は之を認めないと云う、此のことは全く現在に於きましては異例に属することであります。〔後略〕

（「戦争調査会第一回総会議事速記録」）

幣原は、GHQの憲法草案を踏まえた政府原案の第九条に触れ、戦争放棄を「異例」としつつも、戦争の原因を追求し解明し得た暁には、子々孫々に教訓として垂れることを義務とし、これを会の目的に据えている。戦力不保持の受け入れを決意してからの幣原は腹を決め、その教訓を空文化させることなく実効性のあるものへと高めるうえで、戦争放棄の必要性を説くことに徹していた。

一九四六年五月三日に東京裁判は開廷した。幣原をまず安堵させたのは、昭和天皇の訴追を見送るというニュースだった。宿願が達成されたといえよう。

その幣原は、検察側の証人と弁護側の証人の双方の立場で東京裁判に関わる。検察側の証人として求められたのは、満洲事変勃発時と事変拡大過程での外務省としての対応だった。六月二五日、幣原は証人台に立った。

証人台に立った幣原の目には、被告席に座る広田弘毅、重光葵、東郷茂徳、白鳥敏夫といったかつての部下たちが映った。ほかに、満洲事変時に陸相だった南次郎、日独伊三国軍事同盟締結時の駐独大使だった大島浩《おおしまひろし》や、日中戦争時に中支那方面軍司令官だった陸軍軍人の松井石根《まついいわね》らも被告として裁判に列した。

かつての部下や閣僚仲間に対して、検察側の証人の幣原は、彼らの擁護に繋がる証言を行った。重光は日記に「幣原男〔爵〕証人に出廷、記者〔重光自身のこと〕に対し有利なる証言をなす」としたためている。幣原は、彼ら個人というよりは、外務省としての対応そのものに落ち度がなかった点を強調したかったということだろう（『幣原喜重郎と二十世紀の日本』）。

一方、弁護側の証人としても一九四七年七月に出廷するはずだった。だが、幣原は、重度の腰筋痛と診断され、歩行が困難なほどに体調が悪化していた。結局、一一月一一日に、判事、検察官、弁護人が幣原の自宅に出向き尋問が行われた。満洲事変時の南陸相の責任が問われるなかで、幣原の証言が利用される。

一九四八年一一月の判決で、広田弘毅が文官としてただ一人、絞首刑に処せられた。服毒自殺した近衛の身代わりとして、広田は処刑されたのだとも評された。幣原による回想録『外交五十年』では近衛への評価が厳しいが、それも無理からぬことだろう。

超党派外交を目指して

先述したように一九四六年四月一〇日実施の第二二回衆議院総選挙で幣原率いる進歩党は第二党となり、内閣は四月二二日に総辞職し、日本自由党を主とした進歩党との連立による第一次吉田茂内閣が発足する。進歩党の総裁に就任した幣原も、無任所の国務大臣として入閣した。五月二二日のことである。

吉田内閣の成立には、幣原も一役買っていた。当初、鳩山一郎《はとやまいちろう》が組閣する予定だったが、鳩山がGHQからのパージにあって組閣が流れると、次なる候補として吉田の名が挙がった。だが、吉田はなかなか承諾しない。その原因は、岳父の牧野伸顕からの許諾が得られないからだと見抜いた幣原は、牧野を訪れ、「今度ばかりは大目に見ていただきます」と一方的に言い残して、吉田のもとへ向かった。

吉田に面会するなり幣原は、牧野から許しを得てきたから安心して組閣するようにと説いて、その気にさせる。むろん牧野は承諾などしていない。幣原の立ち回りに牧野も吉田もまんまと騙された格好になった。その吉田は、「戦争に負けて外交に勝った歴史はある」と述べて、組閣作業に入った。

その後の幣原について、簡単に述べておこう。一九四七年四月二五日実施の第二三回衆議院議員総選挙で幣原は立候補し初当選した。選挙区は大阪府第三区だった。総裁を務めていた進歩党は解党し、後継の民主党の結成に参加した。だが、吉田内閣の後継となった社会党首班の片山哲《かたやまてつ》内閣と民主党は連立を組んだものの、その社会主義政策を批判して幣原は二二名とともに離党する。

さらに同志を加え三六名で同志クラブを結成した幣原は、一九四八年三月一五日に吉田の自由党と合流した。ここに民主自由党が誕生する。五日前の三月一〇日には、第一次吉田内閣の後継片山哲内閣を襲って、民主党の芦田均内閣が誕生したばかりだった。その芦田内閣もわずか七ヵ月後の一〇月一五日に、昭和電工への融資をめぐる疑獄事件によって総辞職し、民主自由党による第二次吉田内閣が発足する。

幣原は翌一九四九年一月二三日に行われた総選挙で再び当選すると、二月一一日に衆議院議長に選出された。総理経験者が衆議院議長に就任したのは初めてのことである。これにより議長の地位は随分と上昇したという（『幣原喜重郎』）。

翌一九五〇年六月に、米国から講和特使としてジョン・F・ダレスが来日したのを機に、幣原は超党派外交を展開し始めた。その目的は、サンフランシスコ講和条約の締結に当たり、当時国論を二分していた「単独（多数）講和」か「全面講和」か、をめぐる調整にあった。

単独（多数）講和とは、米国を中心とした西側陣営とのみ、全面講和とは、ソ連や中華人民共和国などの東側陣営（共産圏）を取り込んで講和条約を締結しようとするものだった。単独講和を支持する幣原は、講和問題で国内の世論が分裂している印象を米国の首脳に与えるのは不利との観点から、この問題を超党派的に取り扱うよう各党に呼びかける斡旋役を買って出ていた（『読売新聞』一九五〇年六月一七日付）。幣原にしてみれば、外交を政争の具としないための純然たる思いから出た行動だった。

片山哲内閣時には単独講和路線だった社会党だったが、下野後、全面講和論に転じて吉田民自党内閣との対決を先鋭化させていた。幣原の掲げた外交を政争の具にしないという方針とは裏腹に、事態は混迷の度を深めていった。

他方で、一九五〇年六月に勃発した朝鮮戦争が米ソ両大国による代理戦争の様相を呈していくなか、GHQの指令により警察予備隊が発足する。朝鮮戦争が長期化するなか兵站《へいたん》基地として日本は関わりを深めていく。

幣原が戦争放棄の憲法を持つ国の元総理として、忸怩たる思いでいたことはたしかだろう。ただ一方で、米軍の常時駐留に期待してもいたようだ。それは軽武装重商主義を説く吉田茂の日本復興策に理解を示していたからだった。

再軍備問題については、どう考えていたのか。その必要性を認めていたのではないかという指摘もあるが（『幣原喜重郎と二十世紀の日本』）、共産主義国ソ連を警戒し、国連も永世中立も信頼できないとする幣原は、日本の安全保障のあるべき姿を強固な日米同盟に見出していた（『幣原喜重郎』〈人物叢書〉）。むろん、警察予備隊の行く末を案じていたであろうが、それよりもまずは、国際復帰を果たし独立を回復するその瞬間を見届けることを、幣原は望んでいたのではあるまいか。

だが、それは叶わぬ夢で終わってしまう。幣原の死期がすぐそこまで迫っていた。

終章　挫折を超えて――幣原の遺訓

「夢の理想」

日本国憲法第九条の「発案者」として、戦後の幣原はどのように総括されるべきだろうか。自らが総裁を務めた戦争調査会の第一回総会（一九四六年〈昭和二一〉三月二七日開催）で、幣原は戦争放棄の重要性を説いたが（第7章参照）、その挨拶の後段で、さらに次のようにも語っている。

〔前略〕今日に於きまして、戦争を拋棄《ほうき》すると云うことは、是《これ》は夢の理想である、現実の政策でないと考える人があるかも知れませぬけれども、併《しか》し将来学術の進歩発達に依《よ》りまして、原子爆弾の幾十倍、幾百倍にも当る破壊的兵器が将来決して発見せられないことを何人《なんびと》が保証し得られましょう。若《も》し左様《さよう》なるものが発見せられまするならば、何百万の軍隊も、何千隻の艦船も、又何十万の飛行機も、悉《ことごと》く灰燼《かいじん》に帰し、数百万の住民は一朝にして鏖殺《みなごろ》しになると云うようなことも想像せられないことはありませぬ。今日我々が戦争拋棄の宣言を掲ぐる大きな旗を翳《かざ》して国際政局の広漠たる野原を単独に寂しく独りで進んで行くのでありますけれども、世界は早晩戦争の惨禍に目を覚して、結局私共と同じような旗を翳して遥か後の方に踵《つ》いて来る時代が現われるであろうと考えられます。〔後略〕（「戦争調査会第一回総会議事速記録」）

孤高たることを厭《いと》わず、高邁《こうまい》なる精神を掲げることの意義を積極的に説いている。実は、ここに幣原のこだわりがあった。

挨拶文の原案を作成した事務局長官青木得三《あおきとくぞう》の原案に幣原は多くの修正を施している。以下は青木の原案である。比較してみよう（傍線は、修正箇所を比較しやすくするために引用者が付した）。

〔前略〕今日に於て戦争を拋棄すると言うことは、其の時期を得ないと考える人があるかも知れませぬけれども、将来人類智識の進歩発達に依りまして原子爆弾の十倍又は二十倍にも当る惨害を生ずる新兵器の発見せられないことを何人が保証することが出来ましょう。若し左様なるものが発見せられましたる暁に於きましては、幾百万の軍隊も、幾千隻の艦船も、全く其の人用をなさなくなると思うのであります。今日に於て戦争の拋棄を宣言することは恰《あたか》も満目荒涼たる荒野原を大義名分の大旗を担いで独り行くが如き観を呈するのでありますけれども、私は後世必ずや私共と同じ旗を担いで後より来る者があることを確信致すのであります。〔後略〕

（青木得三作成「総裁挨拶」）

引用箇所の冒頭と末尾が重要である。「其の時期を得ない」は、幣原によって「夢の理想」と修正された。ここに「平和」という文言は確認できないが、「夢の理想」という文言のうちに、幣原は高邁な平和主義の理念を含意させたとみるべきだろう。

末尾の「後より来る者がある」という原文を「遥か後の方に踵いて来る時代が現われる」と修正した点にも、そのことが読みとれる。それは「者」ではなく「時代」なのである。「広漠たる野原を単独に寂しく独りで進んで行く」とは、孤独な営みで容易ではないだろう。しかし、満洲事変後の日本がかつて味わった孤独とは違う。高邁な精神に裏打ちされた理念の追求に伴う孤独ならば、むしろ喜んで受け入れる覚悟だったとさえいえるだろう。

幣原にとっての平和主義は、正しさゆえに確信的に追求するに値する理念であり、孤独に堪えてでも実現すべき理想であった。たとえ一九四六年時点では「夢の理想」に過ぎなくとも、やがてはそれが世界の倫理上、さらには政治上の行動規範へ昇華されるべきだと説く幣原からは、憲法第九条の「発案者」として振る舞う覚悟がにじみ出ていた。

科学の力

そのような幣原が戦後にあらためて追求した価値として、科学の力が挙げられる。終戦の詔勅を聴いた八月一五日以降、自宅に籠って書き上げた「終戦善後策」には四項目が掲げられていた(第7章参照)。その第四項には「敗戦の原因を調査して結果を公表すること」とあり、さらに幣原なりに考える「原因」が四点ほど書き添えられていた。その二番目が「自然学研究の欠如」であった。戦争に負けた日本には科学の力が欠如していた、という見立てである。

科学の力を重視し追求する態度は、この時期の幣原に一貫してみられる。科学の振興を推進することが幣原の重要なテーマになっていた。

たとえば、一九四六年一一月一二日に進歩党の近畿大会が開催された折のことである。総裁の幣原はここで新憲法に関する政治理念について演説し、その壇上で新憲法に見出せる「国家組織の四本柱」を掲げ、四本柱の最後に「平和産業の発達と科学文化の振興」を挙げた。幣原は、「武力の競争場裡に於ける勝利は、時として百年の敵を作ることもありますが、文明の競争場裡に於ける勝利は、常に全世界に亙《わた》って末代の友を作る」と、高らかに説いている。

同様の主張は、福井市の実業家坪川信一《つぼかわしんいち》に宛てた書簡(一九四七年七月一八日付)にも見出せる。ここでも幣原は、「科学の研究応用」の重要性を力説していた。

〔前略〕過日発表ありたる海外貿易の再開は〔中略〕この溢悪《いつあく》なる動向を阻止するに何程の効果あるべきや、遽《にわ》かに楽観を許さずと存《ぞんじそうろう》候。畢竟《ひっきょう》経済危機打開の正道は、労働実績の向上、事業経営の合理化、並《ならび》に科学の研究応用に依《よ》るの外《ほか》なかるべく、就中《なかんずく》科学の振興は最根本的問題にして、之に対する国民の関心如何《いかん》は今後国運の消長を決するものと相信じ候〔後略〕

坪川は、教員、福井県会議員などを務めた後、一九二八年から福井市に子ども用品中心のだるま屋百貨店を創業し、県商工会議所連合会会頭をも務めた人物だった。その坪川に幣原が書簡を送ったのは、同年二月に経済安定本部が主導する民間貿易が制限付きながら再開し、半年ほど経ったときだった。幣原はそのような官製の産業振興策のあり方の限界を見越し、「科学の研究応用」の必要を強調している。

幣原は、平和主義を単に戦争放棄の問題だけにとどまらず、経済や産業にも通底する理念として捉え、その宣伝と浸透に努めていた。

急　逝

一九五一年の新春頃から、幣原の体力は次第に衰え始め、周囲の者もそれを感じるようになっていた。七八歳を過ぎた幣原は、自宅で時折目眩《めまい》を起こし、昏倒《こんとう》することも一再ではなかったという（『幣原喜重郎』）。家族の者は一様に心配したが、本人はまったく意に介さず、政治活動をやめるつもりは毛頭なかった。講和会議に何かしらの貢献をしたいと望んでいたのであろうか。ともかくも、隠退する素振りを見せない幣原だった。

だがこの年の三月八日の登院が、幣原が議会に見せた最後の姿となった。この日は小学校の国会参観と重なっており、大勢の小学生が議事堂の裏庭に集まっていた。そこへ帰宅しようと車に乗り込む幣原が居合わせた。幣原は老顔をほころばせながら、「皆さん、しっかりおやりなさい」と告げたという（『同前』）。

この二日後の三月一〇日、幣原は俄《にわか》に没した。死因は心筋梗塞《こうそく》症。眠るような大往生だった。

元首相で現職衆議院議長の急逝の報は国内外を駆け巡った。通夜は、世田谷区岡本町の自宅で三月一〇日午後六時より営まれ、急逝にもかかわらず、多くの弔問客が押し寄せた。近親者に加え、佐藤尚武《なおたけ》参議院議長、岩本信行《いわもとのぶゆき》衆議院副議長、佐藤栄作《えいさく》自由党幹事長、岡崎勝《おかざきかつ》男《お》官房長官などが故人を弔った。

翌三月一一日には、大磯から吉田茂が上京し、午後二時には天皇、皇后、皇太后の三陛下の意を受けた入江相政《いりえすけまさ》侍従長が到着し、弔問哀悼の意が深くささげられた。密葬は一二日午後一時から自宅にて執り行われ、その後、渋谷区幡ヶ谷《はたがや》の火葬場で荼毘《だび》に付されている。

衆議院葬は三月一六日午後一時より築地本願寺で挙行され、二時から三時まで告別式が行われた。同日の『読売新聞』夕刊には、「幣原氏衆議院葬」との見出しのもと、祭壇の様子を伝える写真を添えた記事が掲載されている。そこには、天皇からの「御沙汰書」も伝えられていた。

道を信ずること篤固《とくこ》、官を守ること勤恪《きんかく》、屢《しばしば》閣班に列して著績を国交に挙げ、再び縮軍に参じて偉勲を折衝に樹《た》つ。遂に冢宰《ちょうさい》に位して利器能《よ》く、盤錯《ばんさく》を剖《さ》き又衆院に長として深智《しんち》善《よ》く燮理《しょうり》に任ず。斯《こ》の多艱《たかん》の秋《とき》に方《あた》り、遂に長逝を聞く。何ぞ痛悼《つうとう》に堪えん。宜しく使を遣わし祭粢《さいし》を賜い以て弔慰すべし。

（『昭和天皇実録』第十二）

天皇にしてみれば、象徴として在位している、その恩義を感じずにはいられなかったであろう。幣原とマッカーサーによる二人三脚の取り組みがなければ、訴追されていた可能性もあったからだ。

幣原邸に入江を遣わせた翌日の三月一二日とその翌々日の一四日、昭和天皇は二本の映画を繰り返し鑑賞している。『昭和天皇実録』には、次のようにある。

御文庫において、皇后及び厚子内親王と御夕餐《ゆうさん》を御会食になる。御食事後、宣仁《のぶひと》親王・

同妃・崇仁《たかひと》親王・同妃も加わり御一緒に映画「国民の中の天皇」日本映画社製作・「日本の象徴天皇」理研映画社製作ほかを御覧になる。十四日の御夕餐後も皇后及び皇太子・厚子内親王・貴子内親王と御一緒に同じ映画を御覧になる。

（『昭和天皇実録』第十二）

天皇がなぜこの二本の映画を鑑賞に選んだのか、その意図はよくわからない。ただ、どんな意図があったにせよ、二本の映画を鑑賞し終わった昭和天皇が、幣原を追悼しなかったとは思えない。天皇制の擁護に尽くしてくれた幣原への感謝の思いは、新たな天皇制のあり方を伝える映画を一日置いて繰り返し鑑賞することで、昭和天皇の胸奥に深く静かに浸み込んでいったはずだ。

激動の五五年

幣原が外務省に任官した一八九六年から、衆議院議長として死去する一九五一年までの五五年間は、まさに激動の時代だった。

日露戦争、清王朝の滅亡、大陸国家化する日本と流動化する中国、その中国を場とした列国同士の角逐、満洲事変の勃発、国際連盟と国際会議からの脱退、日中戦争、太平洋戦争、そして敗戦、占領政策、独立回復……。

ありきたりながら、これを激動の時代と呼ばずして、何と呼ぼう。幣原が生き抜いた明治・大正・昭和時代には、近代日本としての成長と、傲慢《ごうまん》、懺悔《ざんげ》、回復という、あらゆる体験が詰まっている。

国家としての独立の回復たる国際社会への復帰（一九五二年四月二八日の対日平和条約の発効）から七〇年近くが経とうとしている現在、元号も平成、令和と辿ってきた。この間、日本は、国家としての成熟の度合いを高めてきたと、おおむね評価できる。

それが可能だったのも、幣原が余生をかけて演じた、憲法第九条の「発案者」としての壮大な芝居に導かれた戦争放棄と、これまた幣原が提唱した科学振興を基軸に、現代日本が着実に歩みを進めてきたからである。

むろん、本文で明らかにしたように、幣原は、高野岩三郎らによって構想された憲法研究会の「憲法草案要綱」のような日本の将来像を描けてはいなかった。だが、憲法研究会の案がGHQの憲法草案の基礎となり、結果、幣原はそれを積極的に受け入れた。たしかに、自らの当初の憲法構想や信念に反していたかもしれないだけに、逡巡《しゅんじゅん》を伴ったかもしれない。少なくとも幣原は、GHQの憲法草案に触れるまでは、象徴天皇制も戦力不保持も構想していなかったからだ。

老役者の独演

だが、幣原はGHQ案を敢然と受け入れた。それは、満洲事変の拡大防止に失敗したことで失墜した自らの名誉を回復するなどといった、個人的な意図や利欲によってなされた判断ではない。幣原という人は、戦前もそうだったように、戦後も国家の利害を第一に考えた大官であった。かつての同僚の佐藤尚武は、「常に「お国のため」ばかりを考えている人で、私心などは全くない」（『幣原喜重郎』）と回想している。

長年におよぶ外交官人生で幣原が学んだ教訓があるとすれば、本文で明らかにしたように、ひとつは、対英米協調、対中国内政不干渉という行動規範が原理化してしまうことで硬直化し、柔軟な対応を取れなかったことであり、もうひとつは、組織的な対応の重要性を十分に認識していなかったことである。とくに後者は、幣原に大きな挫折を味わわせた。

一九二〇年代半ば頃から政策派閥としての亜細亜派に早くも取り込まれ始めた幣原は、地理的・歴史的な特殊性を根拠に満蒙権益を最大限に活用しようとする地域主義が亜細亜派を中心に台頭してくると、それに対抗するだけの政策派閥も外交理念も、持ち合わせていなかった。外務省内では傍流に過ぎない通商局を中心に、細々と幣原派が生息するだけだった。

「君はお人好しで、自惚《うぬぼ》れているからいかん」とは、当時海相で首席全権としてワシントン会議に参加した加藤友三郎が会議中に幣原を諭した一言だが（第3章参照）、たしかに幣原はエリート特有の自信家でもあった。とくに戦前の幣原には、俺が関われば難しい局面も何とかなるという態度が、そこかしこに透けてみえる。それはチームで事に当たるよりも、個人の力で打開しようという発想に繋がる。根回しや調整などは幣原の好むところではなかった。

だが、幣原は戦前に味わった挫折を無駄にはしなかった。幣原は、難局に際会したとき、国内をどうまとめるのか、という課題として挫折を捉え追求したのである。まさに満洲事変時に直面した課題が、戦後にいたると憲法第九条の受け入れの問題として、幣原の眼前に現れたのだ。

その局面にあって、幣原は、憲法第九条の「発案者」として振る舞うことを決断し、残りの人生をかけて、「第九条の発案者」という演目を掲げる壮大な芝居を演じた。その芝居は、国内をまとめあげる必要性に迫られるなか、国家の命運を背負う覚悟を決めたことによって初めて演じることが可能になったといえる。

終わらない芝居

自主であろうと押しつけであろうと、あるいは好むと好まざるとにかかわらず、日本国民は、日本国憲法の平和主義の精神を遵守することによって、幣原亡き後の壮大な芝居に込められた彼の精神を継受している。その精神とは、徹底した平和追求にほかならない。

事実、敗戦以来、不戦を実践してきた七〇有余年は、幣原が追求した平和主義を受け継ぎ実践してきた七〇有余年でもある。

幣原がそのように決断し得たのは、戦争と平和が織りなす世界を我が目で見てきた外交官としての体験と、臣喜重郎とでもいうべき天皇との向き合い方とを、統合的に考えることができたからだった。

幣原は、苦悩を幾重にも重ねながらも、激動の時代と国家との双方に必死で向き合ってきたのである。

染井霊園より

東京都豊島区駒込にある染井霊園《そめい》。駒込の地は幣原にとって馴染み深い。かつて幣原が〃掘っ立て小屋〃を建てて住まいとした六義園は、霊園からわずかに一キロメートルほどの距離にある。桜の古木が点在している霊園はソメイヨシノの発祥の地ともいわれる。

その一角に、妻雅子の墓と並んで幣原喜重郎の墓がある。泉下の人となってしまっては断れなかったのだろうか、随分と豪華で立派な墓石だが、生前の幣原は岩崎家からの必要以上の援助と華美な生活を努めて避けていたという。

引退後は、読書に浸り、回顧録を英語で執筆することが幣原の本来の夢だったというが、それは叶わぬ夢で終わってしまった。そんな幣原は、晩年、小学校時代に兄の坦《たいら》と机を並べて勉強した時分の話を、いかにも楽しそうにまた懐かしそうに笑いながら回想することが一再ならずだった（『幣原喜重郎』）。

幣原が本心として望んだのは、あの頃の童心に返って坦と昔を語らいながら、学ぶことに無心で向き合うことだったのではあるまいか。だが、それもまた叶わぬ夢だった。

　喜重郎の父新治郎やかつての家族が眠る大阪府門真市御堂町の願得寺は、はるか西方に位置する。兄の坦は、喜重郎が没した二年後の一九五三年六月二九日に大阪で没した。その坦も願得寺に眠っている。むろん、だからというべくもないが、染井霊園の大きな設《しつら》えの幣原の墓は、碑名を刻まれて西方を向き、遠く願得寺を望むかのように、ただ静かに深重な佇《たたず》まいで建っている。

あとがき

幣原喜重郎は、評価の相半ばする外交官・政治家ではなかろうか。「協調外交」の推進者だったのか、「弱腰外交」を展開したに過ぎなかったのか、あるいは日本国憲法「第九条」の発案者なのか否かといった具合に、戦前・戦後双方で幣原に対する評価は分かれている。「善玉」「悪玉」とでもいうべき二分法的な理解の間で揺れ動く、論争的な存在でもある。

本書では、そうした状況をいったん脇に措いて、組織人としての等身大の幣原を描こうと試みた。選民たるエリートではあるが、彼とて戦前・戦後のさまざまな局面で多くの苦悩を重ねたに相違ない。ならば、そこに寄り添った幣原像を描出しようというのが執筆を通じての一貫した立ち位置だった。

それゆえ、「幣原外交」という既存の枠組みや通説めいた評価、「現実主義」「理想主義」といった概念をア・プリオリに措定して、そこに彼の思想や行動を当てはめることは控えた。レッテル貼りというべきそうした手法は、歴史研究としてほとんど無意味に思われる。そうではなく、「外務省記録」を紐解《ひもと》き、意思決定過程や文書回付状況を一つひとつ丹念に追うことによって、組織のなかで奮闘する幣原の姿を丁寧にあぶり出したいと考えたのである。

こうした動機は、長年にわたって語られてきた「幣原外交」像に対する違和感と、それが現在でも生命力を持ち続けていることへの焦慮とによって、私のなかで醸成されたものである。さらに、独りよがりながら、使命感のような思いもいきおい湧き上がってきた。

その結果、本書では、次のような三つの幣原像が浮かび上がったのではなかろうか。

第一に、組織人として苦悩を重ねた幣原である。幣原は次官時代にこそリーダーシップを発揮したが、肝心の外相時代にはリーダーシップを十全に発揮できなかった。その主因は激しく変動する東アジア国際社会の環境にあったが、セクショナリズムの浸透した外務省組織のあり方、亜細亜派の台頭、さらにはそこに胚胎《はいたい》した地域主義が、彼のリーダーシップを妨げた。幣原は、次官としてよりも大臣としての方がリーダーシップを発揮できないという、「逆説としての外務大臣」を体現していた。同時にそれは、官僚制組織としての外務省が、一九二〇年代半ばにすでに「曲がり角」にさしかかっていたということでもある。日中戦争開始前後というのが通説だろうから、それよりも一〇年程度早いことになろう。

第二に、ふたつの「なかった」を描出したことである。そのひとつは、従来説かれてきた「幣原外交」なるものは存在しなかったという歴史像である。「対英米協調」「経済合理主義」といった外交路線は、小村寿太郎以来の伝統的な「霞ヶ関外交」の系譜に連なるもので、幣原固有の特性ではない。一方で、米国大統領ウィルソンの唱える「新外交」に積極的に対応したわけでもなかった。「幣原外交」は「霞ヶ関外交」の正統的な継承であり、そこに特段の刷新や転換は見出せない。同時代のメディアは「幣原外交」なる語を常用したが、それは第一次外相就任時の幣原に「新しい薫り」（『時事新報』一九五一年三月一三日付、伊藤正徳《いとうまさのり》による随想）を嗅《か》ぎ出したからに過ぎなかった。

もうひとつの「なかった」は、「第九条」の発案者ではなかったということである。その理由は本文をお読みいただきたいが、だからといって幣原の評価が貶《おとし》められることはない。なぜなら――これが本書の明かした第三の幣原像でもあるのだが、自らの理念に反したGHQの憲法草案であっても、国民を束ねていくうえで必要だと認識し、それを自身の責任と名において敢然と受け入れるだけの見識と胆力を幣原は備えていたからである。先の「なかった」と背中合わせの像だが、幣原を評価する際の重要な論点だろう。

幣原の苦悩と十分に向き合えたのかと問われれば心許ない。だが、脱稿後、幣原のことを以前より好きになっている自分に気がついた。幣原への理解が深まった証左だと思いたい。

この評伝を書き終えて見えてきた課題をひとつだけ記しておきたい。それは小村欣一（小村寿太郎長男）の存在の大きさである。最初の著書（『大戦間期の対中国文化外交』）でも指摘したが、今回あらためてその思いを強くした。寿太郎と欣一との交わりから浮かび上がる、幣原の外交活動の〝古さ〟と〝新しさ〟は魅力的だった。小村父子を軸にこの点を深めたい。

本書執筆にとって、幣原平和財団編『幣原喜重郎』と、学術書としては唯一の評伝といえる服部龍二『幣原喜重郎と二十世紀の日本』(のち『増補版　幣原喜重郎』)は、高い壁だった。とくに、諸外国の公文書や各国要人の私文書を広く渉猟した服部先生の評伝が大きく立ちはだかった。蘊奥《うんのう》を極めたこんな評伝は、とても自分には書けない。そこで半ば開き直って採った方法が、前述の「外務省記録」を徹底して読み込むことだった。幣原が関わった外交文書すべてに目を通そうという当初の無謀な目論みはむろん果たされるべくもなかったが、前著『近代日本の外交史料を読む』でも披瀝した方法論が本書でも奏功したと願いたい。

擱筆にあたって、恩師の中野目徹先生にまずは感謝申し上げたい。終章で紹介した幣原の書簡は、「君が持っている方がふさわしかろう」と先生から頂戴した。日々賜るご指導に加え、篤い恩義に深く感じ入る。さらには、先生の主宰なさる日本近代史研究会のメンバーにも感謝したい。本書の記述のいくつかは、この研究会での報告に基づいている。

黒沢文貴先生と佐藤元英先生にもお世話になった。年二回の舞鶴《まいづる》引揚記念館への調査出張に毎回同行させていただき、滞在先のホテルや往復の新幹線で私の拙い議論に快く(?)応じて下さった。私ばかりが刺激を受ける会話の積み重ねだったが、何よりの幸せだった。

兄事する編集部の白戸直人氏には、感謝の言葉しか見つからない。幣原喜重郎で書きませんかと勧めて下さったのが二〇一四年一〇月のこと。以来、六年以上もお待たせしてしまった。個別論文を何本か書いてから執筆に着手したいという我がままを聞き入れていただき、気長に待ち、励まし続けて下さった。細かい事象が気になりがちな私の着想にご迷惑とご心配をおかけしたが、最後には「非常に面白い」と仰って下さった。「最初の読者」でもある氏をとにかく喜ばせたいといつしか願うようになった我が意を満たせて、安堵している。

白戸氏をご紹介下さり、本書執筆の機縁を作って下さったのは小林和幸先生だった。ご厚情に感謝申し上げたい。また、草稿全体をお読みいただいた小宮一夫先生、草稿の第7章を読んでくれた後輩の水谷悟氏は、それぞれに貴重なコメントを下さった。お礼申し上げたい。

長かった準備期間に反し、三ヵ月と一〇日（二〇二〇年八月一日起稿、一一月一〇日脱稿）で書き上げた。ただ、この間も決して順調だったわけではない。コロナ禍での授業準備や学内外の仕事に時間を割かざるを得ず、執筆時間がまったく取れない日も多くあった。そうした自分を支えてくれた家族に、とりわけ妻の美咲子に感謝の言葉をささげることをお許しいただきたい。

二〇二一年元日――幣原没後七〇周年、日本国憲法公布七五周年の年頭に

熊本史雄

主要参考文献

本文中に直接引用した、もしくは言及した文献に限って、項目ごとに分類番号順もしくは著者・編者の五十音順に掲出（副題は省略）した。本書執筆に際しては、これら以外の文献や先行研究からも多くを負っている。

本書は基本的に全編書き下ろしだが、以下①～⑦の自著や論考を圧縮した叙述もある。

①『大戦間期の対中国文化外交―外務省記録にみる政策決定過程』（吉川弘文館、二〇一三年）

②『近代日本の外交史料を読む』（ミネルヴァ書房、二〇二〇年）

③「満洲事変における幣原喜重郎外相のリーダーシップ―日本外務省の組織的対応と「五大綱目」をめぐって」（佐藤元英・服部龍二編著『日本外交のアーカイブズ的研究Ⅱ』中央大学出版部、二〇一六年）

④「南満洲行政統一問題と外務次官幣原喜重郎―大正六・七年の外務省を中心に」（『近代史料研究』第一六号、二〇一六年）

⑤「大戦間期外務省の情報管理と意思決定―新四国借款団結成問題への組織的対応と幣原喜重郎外務次官の外交指導に即して（特集 戦前期の情報管理）―」（『日本史研究』第六五三号、二〇一七年）

⑥「公文書―外務省記録からみる「協調主義」のゆくえ」（中野目徹編『近代日本の思想をさぐる』吉川弘文館、二〇一八年）

⑦「国益と外務官僚―北京関税特別会議と「地域主義」の台頭」（中野目徹編『官僚制の思想史』吉川弘文館、二〇二〇年）

幣原喜重郎関係の一次史料（未刊行史料）

幣原喜重郎「外交管見」（国会図書館憲政資料室所蔵「幣原平和文庫」リール七）

幣原喜重郎「幣原喜重郎手帳「筆記帳」昭和二〇年」（国会図書館憲政資料室収集文書一四八四―一）

幣原喜重郎「幣原喜重郎手帳「貴族院手帳」昭和二一年」（国会図書館憲政資料室収集文書一四八四―二）

幣原喜重郎より坪川信一宛書簡、一九四七年七月一八日付（熊本史雄所蔵）

戦争調査会事務局青木得三「総裁挨拶」（国立公文書館所蔵「昭和二十一年　会議記録　総会・聯合部会」）

戦争調査会事務局「戦争調査会第一回総会議事速記録」（同右）

幣原喜重郎の自伝・伝記・伝記研究

塩田潮『最後の御奉公』（文藝春秋、一九九二年）

幣原喜重郎『外交五十年』（読売新聞社、一九五一年、のち幣原道太郎氏による解説を付して原書房より一九七四年、中央公論社〈中公文庫〉より一九八七年）

幣原平和財団編『幣原喜重郎』（幣原平和財団、一九五五年）

服部龍二『幣原喜重郎と二十世紀の日本』（有斐閣、二〇〇六年、のち『幣原喜重郎』と改題のうえ増補版として吉田書店より二〇一七年）

外務省外交史料館所蔵記録（戦前期外務省記録・戦後外交記

録）／『日本外交文書』
外務省記録 1.3.1.35「宣伝関係雑件」
外務省記録 1.5.2.2-5「帝国議会関係雑纂　総理、外務両大臣演説」第三巻
外務省記録 1.5.3.20「南満州行政統一問題一件」第一、二巻
外務省記録 1.6.1.86-4「反奉天派紛擾事件　帝国ノ態度及在留邦人保護」第一、八、一一、一二巻
外務省記録 1.7.1.23「対支新借款団関係」第一、三、四巻
外務省記録 2.9.10.13「支那関税並治外法権撤廃問題北京会議一件」第三、四、五、六、八、一一、一二巻
外務省記録 2.9.10.13-20「支那関税並治外法権撤廃問題北京会議一件　参考事項」第二巻
外務省記録 3.2.1.41「近東貿易会議」第一巻
外務省記録 6.1.2.13「帝国外務省官制雑件」第五巻
外務省記録 A.1.1.0.1-13「満蒙問題ニ関スル交渉一件　蔣介石全国統一後ニ於ケル満蒙鉄道ニ関スル日、支交渉関係」
外務省記録 A.1.1.0.10「帝国ノ対支外交政策関係一件」第三巻
外務省記録 A.1.1.0.21-12-1「満州事変（支那兵ノ満鉄柳条溝爆破ニ因ル日、支軍衝突関係）善後措置関係　国際連盟ニ於ケル折衝関係」第二巻
外務省記録 A.2.0.0.X1「重光大使ノ欧州政局報告」
外交記録 A'3.0.0.2-1「帝国憲法改正関係一件　憲法改正草案要綱関係」
外務省編『日本外交文書』大正一三年第二冊（一九八一年）
外務省編『日本外交文書』昭和期I第一部第四巻（一九九四年）
外務省編『日本外交文書』満州事変、第一巻第一冊（一九七七年）
外務省編『日本外交文書』満州事変、第一巻第三冊（一九七八年）

幣原以外の外交官・政治家などの日記・自伝・回想録・伝記・伝記研究

芦田均著、福永文夫・下河辺元春編『芦田均日記』第一巻（柏書房、二〇一二年）
有田八郎『馬鹿八と人は言う』（光和堂、一九五九年）
石射猪太郎『外交官の一生』（読売新聞社、一九五〇年）
石井菊次郎『外交余録』（岩波書店、一九三〇年）
伊藤隆、渡辺行男編『重光葵手記』（中央公論社、一九八六年）
宇垣一成著、角田順校訂『宇垣一成日記』1（みすず書房、二〇一〇年）
岡義武『近衛文麿』（岩波書店〈岩波新書〉、一九七二年）
小幡酉吉伝記刊行会『小幡酉吉』（小幡酉吉伝記刊行会、一九五七年）
北岡伸一『清沢洌』（中央公論社〈中公新書〉一九八七年、のち増補版として二〇〇四年）
木戸幸一日記研究会校訂『木戸幸一日記』下巻（東京大学出版会、一九六六年）
宮内庁編『昭和天皇実録』第九（東京書籍、二〇一六年）
宮内庁編『昭和天皇実録』第十一（東京書籍、二〇一七年）
来栖三郎『泡沫の三十五年』（文化書院、一九四八年、のち中央公論社〈中公文庫〉より一九九一年）
小山俊樹『評伝　森恪』（ウェッジ、二〇一七年）
参謀本部編『杉山メモ』上巻（原書房〈明治百年史叢書〉、一九六七年）
重光葵『重光葵外交回想録』（毎日新聞社、一九七八年）
高橋勝浩編「出淵勝次日記（二）」（『国学院大学日本文化研究所紀要』第八五輯、二〇〇〇年）
ダグラス・マッカーサー著、津島一夫訳『マッカーサー大戦

回顧録』（中央公論新社〈中公文庫〉、二〇一四年）
中野目徹『三宅雪嶺』（吉川弘文館、二〇一九年）
原奎一郎編『原敬日記』第四巻（福村出版、一九六五年）
原敬全集刊行会『原敬全集』上巻（原敬全集刊行会、一九二九年）
東久邇宮稔彦『東久邇日記』（徳間書店、一九六八年）
堀内謙介『堀内謙介回顧録』（サンケイ新聞社、一九七九年）
堀内干城『中国の嵐の中で』（乾元社、一九五〇年）
芳沢謙吉『外交六十年』（自由アジア社、一九五八年、のち中央公論社〈中公文庫〉より一九九〇年）
吉田茂『回想十年』第一、二巻（新潮社、一九五七年）

新　聞

『東京朝日新聞』／『東京日日新聞』／『朝日新聞』／『読売新聞』

研究書、学術論文、報告書等

イアン・ニッシュ著、宮本盛太郎監訳『日本の外交』（ミネルヴァ書房、一九九四年）
五百旗頭真『占領期』（読売新聞社〈20世紀の日本三〉、一九九七年、のち講談社〈講談社学術文庫〉より二〇〇七年）
石田憲「憲法を作った人々」（千葉大学法学会『千葉大学法学論集』第二九巻第一・二号、二〇一四年）
伊藤信哉『近代日本の外交論壇と外交史学』（日本経済評論社、二〇一一年）
臼井勝美『満州事変』（中央公論社〈中公新書〉一九七四年）
大越哲仁『マッカーサーと幣原総理』（大学教育出版、二〇一八年）
岡崎久彦『幣原喜重郎とその時代』（ＰＨＰ研究所、二〇〇〇年、のち〈ＰＨＰ文庫〉より二〇〇三年）
笠原十九司『憲法九条と幣原喜重郎』（大月書店、二〇二〇年）
加藤陽子『戦争まで』（朝日出版社、二〇一六年）
河上暁弘『日本国憲法第9条の成立と思想的淵源の研究』（専修大学出版局、二〇〇六年）
君塚直隆『立憲君主制の現在』（新潮社〈新潮選書〉、二〇一八年）
清沢洌「内田外相に問ふ」（『中央公論』一九三三年三月号）
久保亨『戦間期中国〈自立への模索〉』（東京大学出版会、一九九九年）
黒沢文貴『大戦間期の宮中と政治家』（みすず書房、二〇一三年）
憲法調査会編『憲法調査会第四回総会議事録』（一九五七年）
憲法調査会編『憲法制定の経過に関する小委員会 第二十一回議事録』（一九五八年）
憲法調査会編『憲法制定の経過に関する小委員会報告書』（一九六四年）
高文勝「満蒙危機と中国側の対応」（『日本福祉大学研究紀要現代と文化』第一四一号、二〇〇六年）
高坂正堯『古典外交の成熟と崩壊』（中央公論社、一九七八年、のち中央公論新社〈中公クラシックス〉より二〇一二年）
古関彰一『新憲法の誕生』（中央公論社〈中公叢書〉、一九八九年）
古関彰一『日本国憲法の誕生　増補改訂版』（岩波書店〈岩波現代文庫〉、二〇一七年）
小林直樹『憲法第九条』（岩波書店〈岩波新書〉、一九八二年）
小林道彦『政党政治の崩壊と満洲事変』（ミネルヴァ書房、二〇一〇年）
佐古丞『未完の経済外交』（ＰＨＰ新書、二〇〇二年）
佐々木高雄『戦争放棄条項成立の経緯』（成文堂、一九九七年）
佐々木高雄「大学ノート版「羽室メモ」」（青山学院大学法学会

『青山法学論集』第四〇巻第一号、一九九八年）
佐藤達夫『日本国憲法成立史』第一巻（有斐閣、一九六二年）
塩田純『9条誕生』（岩波書店、二〇一八年）
幣原道太郎「解説」『外交五十年』（原書房、一九七四年）
鈴木昭典『日本国憲法を生んだ密室の九日間』（創元社、一九九五年、のち角川書店〈角川ソフィア文庫〉より二〇一四年）
高橋彦博「憲法理念から憲法政策へ」（法政大学社会学部学会『社会労働研究』第四三巻第三・四号、一九九七年）
髙柳賢三『天皇・憲法第九条』（有紀書房、一九六三年）
高柳賢三、大友一郎、田中英夫編著『日本国憲法制定の過程Ⅰ』（有斐閣、一九七二年）
武田知己「吉田茂の時代」（五百旗頭薫・小宮一夫・細谷雄一・宮城大蔵・東京財団政治外交検証研究会編『戦後日本の歴史認識』東京大学出版会、二〇一七年）
竹前栄治『占領戦後史』（岩波書店、一九九二年、のち〈岩波現代文庫〉より二〇〇二年）
田中英夫『憲法制定過程覚え書』（有斐閣、一九七九年）
種稲秀司『近代日本外交と「死活的利益」』（芙蓉書房出版、二〇一四年）
種稲秀司「幣原喜重郎と日本国憲法第九条」（『國學院大學紀要』第五七号、二〇一九年）
種稲秀司『幣原喜重郎』（吉川弘文館〈人物叢書〉、二〇二一年）
千葉功『旧外交の形成』（勁草書房、二〇〇八年）
戸部良一『外務省革新派』（中央公論新社〈中公新書〉、二〇一〇年）
冨塚一彦「一九三三、四年における重光外務次官の対中国外交路線」（『外交史料館報』第一三号、一九九九年）
冨塚一彦「「連盟脱退ノ根本義」と日本外務省における「東亜」概念の生成」（『國學院大學日本文化研究所紀要』第九二輯、二〇〇三年）
奈良岡聰智『加藤高明と政党政治』（山川出版社、二〇〇六年）
奈良岡聰智『対華二十一ヵ条要求とは何だったのか』（名古屋大学出版会、二〇一五年）
西修『日本国憲法成立過程の研究』（成文堂、二〇〇四年）
西田敏宏「ワシントン体制と幣原外交」（川田稔・伊藤之雄編著『二〇世紀日米関係と東アジア』風媒社、二〇〇二年）
西田敏宏「第一次幣原外交における満蒙政策の展開」（『日本史研究』第五一四号、二〇〇五年）
服部龍二『東アジア国際環境の変動と日本外交』（有斐閣、二〇〇一年）
馬場恒吾『現代人物評論』（中央公論社、一九三〇年）
馬場恒吾『政界人物評論』（中央公論社、一九三五年）
原田一明「〈資料〉宮沢俊義文庫（2）：新憲法制定に関する松本烝治先生談話（一九四七）」（『立教法学』第九四巻、二〇一六年）
深瀬忠一「幣原喜重郎の軍縮平和思想と実行」（芦部信喜・清水睦編『日本国憲法の理論』有斐閣、一九八六年）
細谷雄一『大英帝国の外交官』（筑摩書房、二〇〇五年）
細谷雄一『歴史認識とは何か』（新潮社〈新潮選書〉、二〇一五年）
細谷雄一『自主独立とは何か』前編（同右、二〇一八年）
マクマホン・ボール著、アラン・リックス編、竹前栄治・菊池努訳『日本占領の日々』（岩波書店、一九九二年）
松本烝治『日本国憲法の草案について』憲資・総第二八号（憲法調査会事務局、一九五八年）
森戸辰男「平和国家の建設」（『改造』一九四六年一月号）
矢嶋光『芦田均と日本外交』（吉川弘文館、二〇一九年）

幣原喜重郎　略年譜

西暦（年号）	年齢	事績	関連事項
一八七二 明治五	0	八月一一日　堺県茨田郡門真一番下村に幣原新治郎・静の次男として誕生	八月二日　学制発布
一八八三　一六	11	三月　大阪中学校に入学（のち第三高等中学校に改称）	
一八八九　二二	16	八月一日　第三高等中学校の京都移転に伴い京都へ転住	二月一一日　大日本帝国憲法発布
一八九二　二五	20	九月　帝国大学法科大学法律学科入学	
一八九五　二八	23	七月一〇日　帝国大学法科大学法律学科卒業／一一月二二日　農商務省属拝命、鉱山局勤務	四月一七日　日清講和条約成立／五月一〇日　三国干渉により遼東半島還付
一八九六　二九	24	九月二五日　第四回外交官及領事官試験合格／一〇月六日　朝鮮国仁川在勤を命じられる（領事官補）	
一八九九　三二	27	五月三一日　ロンドン在勤を命じられる（同前）	
一九〇〇　三三	28	一二月四日　アントワープ在勤を命じられる（領事）	
一九〇一　三四	29	九月五日　釜山在勤を命じられる（同前）	九月七日　北京議定書調印
一九〇三　三六	31	一月二〇日　雅子と結婚／一一月二四日　長男道太郎出生	
一九〇四　三七	32	四月一日　臨時外務省事務（電信課長代理）に従事を命	二月一〇日　日露開戦

一九〇五	三八	33	じられる／この頃デニソンと親交を結ぶ／一一月四日　外務大臣官房電信課長を命じられる（外務書記官）	九月五日　日露講和条約成立
一九〇六	三九	34	二月一〇日　次男重雄出生	一一月二六日　南満洲鉄道株式会社設立
一九〇八	四一	36	一〇月七日　兼大臣官房取調課長を命じられる	
一九一一	四四	39	七月二九日　外務省取調局長に任じられる	
一九一二	四五	40	五月八日　米国大使館在勤を命じられる（大使館参事官）／駐米英国大使ブライスから薫陶を受ける	
一九一三	大正二	41	一一月四日　英国大使館在勤を命じられる（同前）	五月　カリフォルニア州議会が土地法を制定／一二月二三日　立憲同志会加藤高明を総裁として結党
一九一四	三	42	六月二六日　特命全権公使に任じられオランダ駐劄を命じられる（兼デンマーク公使）／八月二〇日　加藤高明外相より対独宣戦布告文を在独臨時代理大使に通達の命を受けるも失敗する	七月二八日　第一次世界大戦勃発／八月二三日　対独宣戦布告
一九一五	四	43	一〇月二九日　外務次官に任じられる	一月一八日　対華二十一ヵ条要求交渉開始／一一月一〇日　即位の大礼
一九一八	七	46	七月一〇日　米国が新四国借款団の設置を提起	一月八日　ウィルソン米国大統領「一四ヵ条」演説
一九一九	八	47	九月一一日　特命全権大使に任じられ米国駐劄を命じられる	
一九二一	一〇	49	九月　父新治郎死去／一一月一七日　腎臓結石が重症化し病臥に伏す	一一月四日　原敬首相暗殺される／一一月一一日　ワシントン会議開催／一二月　日英同盟廃棄

幣原喜重郎 略年譜

一九二二	一一	50	二月六日　ワシントン海軍条約成立／三月五日　病気療養のため帰朝を要請／四月一九日　帰朝／一二月二三日　米国駐劄罷免	二月四日　日中山東還付協定調印／四月　第一次奉直戦争勃発／九月一八日　外交調査会廃止
一九二三	一二	51	待命として病気静養に専念する	四月一四日　石井・ランシング協定廃棄／九月一日　関東大震災
一九二四	一三	52	六月一一日　外務大臣に親任される	九月　第二次奉直戦争勃発
一九二五	一四	53	一二月八日　張作霖と郭松齢に対し満洲の日本既得権益への尊重を求める警告を発する	五・三〇事件／一一月　郭松齢事件勃発
一九二七	昭和二	55	四月二〇日　免本官（外務大臣）	
一九二九	四	57	七月二日　再び外務大臣に親任される	
一九三〇	五	58	一月　ロンドン海軍軍縮会議開催／一一月一五日　内閣総理大臣臨時代理を仰せつけられる	一一月一四日　浜口雄幸首相遭難事件
一九三一	六	59	九月一八日　満洲事変勃発／一二月一八日　依願免官	
一九三二	七	60	二月二日、五日　貴族院本会議で田中義一首相兼外相に外交に関する質問を行う	五・一五事件
一九四一	一六	69	五月五日　松岡洋右外相の日ソ中立条約を批判する書簡を大平駒槌に送る／七月　近衛文麿首相との面談で南部仏印進駐への反対意見を開陳する	一二月八日　ハワイ真珠湾攻撃、日米開戦
一九四五	二〇	73	五月二五日　戦禍に遭う／六～七月　吉田茂と二度会見し和平問題を談義する／一〇月九日　幣原内閣成立／一二月　天皇の「人間宣言」草稿執筆	八月　原子爆弾投下／一五日　終戦の詔勅／九月二日　降伏文書調印
一九四六	二一	74	一月二四日　マッカーサーと会談／二月二一日　マッカーサーと会談し、象徴天皇制と戦力不保持を骨子とする憲法案について合意／四月二二日　内閣総理大臣辞職／	一月一日「人間天皇の宣言」／四日　公職追放

			四月二三日　進歩党総裁就任／五月二二日　復員庁総裁に就任	
一九四七	二二	75	四月二五日　大阪府第三区から衆議院議員に当選	五月三日　日本国憲法施行
一九四八	二三	76	三月一五日　民主自由党を結成し最高顧問に推挙される	
一九四九	二四	77	二月一一日　衆議院議長に就任	
一九五一	二六		三月一〇日　東京都世田谷区岡本町一二二八番地の自宅で死去（享年七八）／三月一六日　築地本願寺で衆議院葬	

熊本史雄（くまもと・ふみお）

1970（昭和45）年山口県生まれ．93年筑波大学第二学群日本語・日本文化学類卒業．95年筑波大学大学院博士課程歴史・人類学研究科日本史学専攻中退．外務省外交史料館外務事務官を経て，2004年に駒澤大学文学部歴史学科専任講師，08年に同准教授，14年より同教授．博士（文学）．専攻・日本近代史，日本政治外交史，史料学．
著書『大戦間期の対中国文化外交――外務省記録にみる政策決定過程』（吉川弘文館，2013年）
『近代日本の外交史料を読む』（ミネルヴァ書房，2020年）
共編著『近代日本公文書管理制度史料集　中央行政機関編』（中野目徹との共編著，岩田書院，2009年）
共著『日中戦争はなぜ起きたのか――近代化をめぐる共鳴と衝突』（波多野澄雄・中村元哉編，中央公論新社，2018年）
『近代日本の思想をさぐる――研究のための15の視角』（中野目徹編，吉川弘文館，2018年）
『官僚制の思想史――近現代日本社会の断面』（中野目徹編，吉川弘文館，2020年）他多数

幣原喜重郎《しではらきじゅうろう》
中公新書 *2638*

2021年4月25日発行

著　者　熊本史雄
発行者　松田陽三

本文印刷　三晃印刷
カバー印刷　大熊整美堂
製　　本　小泉製本

発行所　中央公論新社
〒100-8152
東京都千代田区大手町 1-7-1
電話　販売 03-5299-1730
　　　編集 03-5299-1830
URL http://www.chuko.co.jp/

Published by CHUOKORON-SHINSHA, INC.
Printed in Japan　ISBN978-4-12-102638-5 C1221